BALLANCHE

BALLANCHE

PAR

J.-J. AMPÈRE

de l'Académie Française.

PARIS

A. RENÉ ET Cⁱᵉ, IMPRIMEURS-ÉDITEURS

RUE DE SEINE, 32.

1848

BALLANCHE.

I

Jeunesse de M. Ballanche. — Essai sur le sentiment.

Ce qu'on va lire n'est point une biographie de M. Ballanche. Cette biographie a été faite et bien faite, d'abord par M. de Sainte-Beuve et ensuite par M. de Loménie[1]. Plus heureux que ne sont à cette heure les amis de l'illustre mort, tous deux ont pu recueillir ses souvenirs de sa bouche, hélas ! aujourd'hui fermée.

D'ailleurs la vie de M. Ballanche, vie paisible,

---

[1] Dans sa *Galerie des Contemporains illustres*, publiée sous le pseudonyme de *l'Homme de Rien*.

recueillie, vie de poésie et de méditation, n'offre point d'événements considérables; elle n'a pas été mêlée aux agitations politiques, elle est tout entière dans ses sentiments et dans ses ouvrages.

Révéler le plus intime des uns et des autres, faire arriver au public comme une émanation de cette belle âme si pleine de parfums cachés, et pour cela réunir à quelques fragments de sa correspondance quelques fragments de ses ouvrages; choisir, parmi ceux qui se laissent le plus facilement détacher de l'ensemble, ceux qui peignent le mieux le caractère de son talent, ou dans lesquels se retrouve particulièrement l'homme aimable et excellent que nous avons connu, tel a été le but qu'on s'est proposé: on a pensé que les écrits de M. Ballanche pourraient être éclairés par les doux et purs reflets de son existence intérieure; on voudrait par ce livre aider le public à le connaître, car on sait bien que le faire connaître c'est le faire aimer.

Une adolescence maladive, écoulée sous l'oppression de la terreur, dans une ville décimée par elle, et dans un des plus sombres quartiers du vieux Lyon, laissa dans l'organisation de M. Ballanche quelque chose de douloureux et d'ébranlé. Après ce temps de compression violente, quand il commença à relever la tête avec la France, une vive exaltation s'empara de lui; l'élan religieux qui se ranimait partout, qui à Lyon n'avait jamais faibli et dont le malheur avait encore redoublé l'énergie, l'élan religieux saisit cette âme dans laquelle entrèrent à la fois tous les plus nobles et les plus purs enthousiasmes de la jeunesse. Ils firent explosion, en 1801, dans un volume intitulé : *Du Sentiment considéré dans la littérature et dans les arts;* l'auteur avait alors vingt-quatre ans.

L'*Essai sur le Sentiment* est ce *premier ouvrage* qu'ont écrit plusieurs auteurs célèbres au début de leur carrière, et qui contenait la promesse et le gage de leur avenir. Tels furent le *Discours contre les sciences* de Jean-Jacques, l'*Essai sur les révolutions* de M. de Chateaubriand. Dans son *premier ouvrage* chacun de ces auteurs n'est pas tout à fait lui-même, et à quelques égards il est plus que lui-même; il ne s'est pas encore atteint et déjà s'est presque dépassé. Ceci tient à l'inexpérience et à l'ardeur, double attribut de la jeunesse. M. Ballanche, quand il écrivait l'*Essai sur le Sentiment,* n'avait pas encore entièrement conquis par le travail cette forme pure et harmonieuse qui devait se montrer dans *Antigone* et dans *Orphée*. Il n'était pas en possession de toute l'originalité de sa pensée; mais il avait une sève, un essor qui appartiennent seulement au premier âge. Cette hardiesse confiante n'éclate-t-elle pas dans les pages suivantes de l'introduction avec une fougue et une verve qu'on ne rencontre pas chez M. Ballanche plus mûri :

« Je suis dans un âge où l'on ne calcule pas toujours ses forces. Une carrière nouvelle s'ouvre devant moi, et j'ai la témérité de m'y élancer, sans savoir si je pourrai la parcourir tout entière.

« Amoureux de l'indépendance, j'ai voulu me soustraire à cette règle de plomb qui vient symétriser, entraver l'intelligence et refroidir l'imagination. Le lecteur, sans doute, doit s'attendre à quelques écarts, à un défaut absolu de plan : mon livre est un jardin anglais. Mais laissons venir le temps de la maturité; laissons rouler sur ma jeune tête encore vingt années : peut-être alors l'ouvrage que je publie aujourd'hui ne sera qu'un assemblage de matériaux que je rangerai dans un meilleur ordre et avec un goût plus sévère; et si le ciel ne m'a pas tout à fait dépourvu de cette flamme poétique qui fait les grands artistes, j'élèverai un monument pour les siècles. »

L'âge mûr a tenu parole à la jeunesse : M. Ballanche a élevé son monument; il en a composé lui-même les matériaux, il en a dessiné les lignes mystérieuses, il y a mis la beauté de l'art et la poésie du symbole; il y a ménagé, comme on fait pour un édifice sacré, la lumière et l'obscurité.

Aujourd'hui nous ne pénétrerons pas dans le temple avec les initiés, nous ne lèverons pas le voile des symboles, mais nous conduirons le lecteur dans les parties les plus éclairées du temple, et nous lui ferons admirer avec nous leur beauté.

Voici les dernières lignes de l'invocation du poëme, car le premier livre de M. Ballanche, comme le furent plus ou moins tous ses ouvrages, est un poëme.

« Pudeur, naïveté, amour, triple essence de la Divinité, rayon adorable de la gloire céleste se reflétant dans la glace pure d'une âme innocente, je vous invoque tour à tour, je vous invoque réunis; je vous sens au-dedans de moi, vous êtes mon Olympe. »

Oui, ce fut là son Olympe, et ses inspirations émanèrent toujours de cet Olympe intérieur et sacré; — et plus loin :

« Oh! je l'ai trouvée dans mon cœur, et elle est sans doute gravée dans tous les cœurs, cette maxime consolante, que toutes les vérités essentielles au bonheur de l'humanité sont des vérités de sentiment. Je l'ai trouvée aussi au fond de mon cœur cette autre maxime, que le beau et le bon sont identiques, et que l'homme de génie ne peut se concilier les suffrages de ses contemporains et l'admiration de la postérité qu'en donnant pour base à ses œuvres des principes de morale. Ainsi les lois du goût et celle de la morale ne sont peut-être qu'une même chose. »

A vingt-quatre ans M. Ballanche disait *peut-être;* à la fin de sa carrière il eût pu affirmer que les lois de la morale et les lois du beau sont identiques : l'expérience de sa vie entière était là pour le prouver.

En même temps qu'il trahissait les sentiments de son cœur, il révélait les procédés de son talent.

Je me souviens d'avoir entendu souvent M. Ballanche exprimer avec beaucoup d'énergie cette idée dont il paraissait pénétré, que certains esprits construisent leurs pensées indépendamment de tout idiome et qu'ils sont obligés de traduire péniblement dans les langues humaines ce qu'ils ont parlé d'abord dans la langue pure des intelligences. Le vif sentiment de la difficulté qu'éprouve le génie pour revêtir l'idée nue du mot qui en est le vêtement et l'organe, dictait au jeune auteur ces paroles de compassion sympathique pour les écrivains aux prises avec l'infini :

« O Dieu ! s'il est permis de porter un œil scrutateur sur les immortels chefs-d'œuvre du génie, ce n'est pas avec le froid compas de l'esprit qu'il faut les juger ; c'est en s'identifiant avec le génie lui-même, par la ravissante extase du sentiment. Comme alors, mais seulement alors, on le plaint d'être obligé de traduire sa pensée dans nos langues indigentes ! Homère, Virgile, La Fontaine, Corneille, Racine, c'était le langage des intelligences qui convenait à vos belles conceptions ! Et vous, les deux plus sublimes fils de l'éloquence, Bossuet, Pascal, hommes divins, que je vous admire, mais que je vous plains ! »

Pour sentir toute l'adorable naïveté de M. Ballanche, il faut l'entendre parler d'Homère, qu'il appelle si heureusement et sans nul retour personnel *le sublime bonhomme,* qu'il se représente dans une ville d'Ionie, se faisant payer ses leçons en laine, et épousant la meilleure fileuse de la ville.

Il faut l'entendre aussi parler de La Fontaine ; c'est un peu l'entendre parler de lui. On l'a quelquefois appelé le La Fontaine de la philosophie.

Mais voici qui ressemble à tous deux ; c'est un rêve de bonheur champêtre, de solitude avec la poésie et l'amitié. Mille fois un vœu pareil a été exprimé, mais il est impossible de méconnaître, chez M. Ballanche, la sincérité pénétrante de l'accent.

« O Grigny, aimable retraite, où j'aime tant à retrouver les souvenirs si chers de mon enfance ! quand pourrai-je, à l'abri de la tourmente politique, couler sous tes vieux ombrages des jours paisibles et sereins? Dégagé de tout soin, de toute inquiétude, je réaliserais l'âge d'or des poëtes ; ma vie serait un songe doux et paisible; et m'éveillant de ce songe heureux pour commencer une vie plus heureuse encore, je voudrais que la mort me trouvât, comme dit Montaigne, nonchalant d'elle et plantant mes choux.

« Mes voyages ne seraient pas longs, car j'aimerais trop mon ermitage ; je ne connaîtrais le tumulte de la ville que pour y venir quelquefois embrasser des amis qui me seraient toujours chers; je ferais part des productions que m'auraient inspirées les Muses champêtres à la petite mais aimable société dont tous les membres, au sein de la plus parfaite harmonie, cultivent ensemble les lettres et l'amitié. »

Cette petite mais aimable société renfermait un

homme déjà célèbre, Camille Jordan, et un homme qui devait l'être un jour, Ampère ; un troisième enfin, M. Lenoir, qui dans d'autres circonstances aurait pu le devenir, mais qui s'est contenté d'être un sage modeste et le fidèle ami de Ballanche et d'Ampère ; Dugas-Montbel, le futur traducteur d'Homère, faisait également partie de la réunion.

Ces hommes, jeunes alors, unis par l'amitié et l'étude, ne se sont jamais perdus de vue dans la suite : M. Ballanche a survécu à presque tous les compagnons de ses premiers songes d'avenir, à Camille, à Dugas-Montbel, à Ampère ; il a rendu un digne hommage au premier dans le sein de l'Académie de Lyon, qui s'honorait de les compter tous deux parmi ses membres ; il a trouvé pour parler du dernier des accents qui ont touché le cœur d'un fils. Il eût suffi de ce souvenir pour me faire ambitionner aujourd'hui l'honneur de concourir à élever ce monument modeste que l'amitié consacre à celui qui sentait si bien l'amitié.

Ce premier écrit respire l'amour de la ville natale, et, comme disait M. Ballanche, de la patrie lyonnaise, amour qu'il conserva jusqu'à la fin de sa vie. Les héroïques désastres du siége l'avaient profondément frappé ; il avait gardé de ce triste spectacle une ardente indignation contre les bourreaux, un vif enthousiasme pour les victimes. En proie aux sanglants souvenirs dont il était poursuivi, il s'écriait :

« Terre, terre barbare qui as englouti ce que notre siècle eut de plus pur, qui as rendu une ville entière veuve, orpheline de ses plus illustres citoyens, terre, ouvre-toi, et laisse-nous voir nos amis ; je veux attendre ici que la nuit ait ramené le règne du repos universel ; je m'étendrai sur le gazon qui s'est nourri de la substance des héros, je m'y endormirai ; ils viendront me visiter dans mes songes ; je m'éveillerai peut-être digne de célébrer leur gloire ! Si l'amitié, l'amour de la vertu, le patriotisme, le sentiment, suffisent pour une si grande entreprise, héros de Lyon, je serai votre Barde ! »

En effet, M. Ballanche avait composé une épopée dont les héros étaient les martyrs de Lyon ; plus tard lui-même a raconté quel cadre extraordinaire il avait donné à cette composition épique. Voici comment il s'exprimait à ce sujet en 1833 [1] :

« Elevé au milieu des terreurs de la revolution, et témoin de l'héroïsme de mes concitoyens, j'imaginai de raconter, dans une sorte

---

[1] Préface générale placée en tête d'*Antigone*.

de composition épique, toutes les circonstances de l'insurrection lyonnaise en 1793, du siége qui en fut la suite, des effroyables malheurs qui pesèrent sur ma ville natale. Pour avoir la liberté de donner à mon récit la forme et les couleurs du genre que j'avais adopté, je m'étais transporté à quinze siècles dans la postérité, c'est-à-dire que j'avais vieilli de quinze siècles l'événement que je peignais, pour le revêtir à mon gré de tout le prestige de l'antiquité. De plus, j'avais supposé qu'à l'époque où je m'étais placé comme poëte (et le moment où j'écrivais me paraissait rendre trop probable une telle supposition), je supposais, dis-je, qu'à cette époque l'Europe, déchue de ses antiques splendeurs, avait depuis longtemps accompli toutes ses destinées.

« Un voyageur, venu du continent de l'Amérique, visitait nos contrées devenues agrestes et solitaires. Il arrive au lieu où deux fleuves, qui s'appelèrent jadis le Rhône et la Saône, se réunissent pour ne former qu'un seul fleuve. Là il trouve un village assis sur les ruines effacées d'une ville florissante et célèbre, dont le nom même a péri. Le village est occupé par des pasteurs qui ignorent l'histoire du magnifique Delta où sont établis leurs paisibles héritages. Le voyageur, pendant son séjour, assiste à une fête qui se nomme la fête des martyrs. Nul dans tout le pays ne sait l'origine de cette fête qui se perd dans la nuit mystérieuse du passé. Quelques-uns seulement disent qu'elle fut instituée par leurs ancêtres pour consacrer la mémoire de faits éclatants, de grands malheurs, de nobles dévouements ; que la cause de la justice succomba ; qu'une race généreuse périt sous les coups d'une race cruelle. Ils ajoutaient qu'une couronne éclatante avait paru dans le ciel le jour où la fête fut instituée. Le savant voyageur, qui appartient à une civilisation déjà décroissante, étudie les obscures traditions et le peu de monuments qui subsistent. Il retrouve quelques écrits échappés aux ravages des temps et de la barbarie. Les chants populaires, en remontant aux diverses transformations qu'ils ont subies, sont pour lui comme des médailles des chants primitifs. De tout cet ensemble de choses, joint aux renseignements historiques qu'il avait auparavant recueillis, il parvient à reconstruire l'ancienne épopée lyonnaise.

« Un ouvrage fait au sortir de l'enfance, la

tête toute pleine de Virgile et de Lucain, ne devait avoir en lui aucun moyen d'être réformé ; mais enfin on me pardonnera de consigner ici une première pensée patriotique qui doit m'être restée chère.

« Ainsi cette poésie du jeune âge fut pour moi une poésie toute funèbre et toute terrible ; ainsi je construisais dans l'avenir l'histoire du présent, comme plus tard je devais m'essayer à reconstruire le passé lui-même. »

M. Ballanche ne pouvait écrire un livre *sur le sentiment* sans y exprimer le sentiment qui a été chez lui le plus profond et le plus permanent, le sentiment religieux. Le Christianisme, qui fut toujours comme la substance de son être moral, le Christianisme n'avait pas revêtu dans l'écrit de sa jeunesse la forme qu'il reçut dans d'autres ouvrages, produits d'un âge plus avancé ; mais ce livre est imprégné de foi. Cette foi s'exprime par des élans pleins d'ardeur et d'émotion, comme celui-ci :

« Oh ! que je fuie dans la solitude des temples ! que je me réfugie à l'ombre des saints autels ! et que mon âme se perde dans la douce méditation de ces grandes promesses.

« O mon Créateur, ô mon Père, Etre des

êtres, Dieu puissant et éternel ! il est donc vrai qu'après ma mort, si je n'ai pas levé contre ta Majesté sainte un front prévaricateur, si j'ai expié mes offenses par les larmes solitaires du repentir, tu consentiras à te laisser contempler par ta faible créature, élevée au rang des Séraphins ! car tu peux à ton gré, ô Dieu tout-puissant ! tu peux aussi bien faire participant de ta gloire un faible ver de terre, comme tu as pu tirer mon âme du néant. Ah ! cet espoir sublime me donne l'avant-goût des félicités éternelles que tu réserves à tes élus ; il vaut seul plus que toutes les jouissances terrestres que procurent les plaisirs des sens ; il vaut seul plus que les jouissances intellectuelles que procurent les prestiges des arts.

. . . .

« O morale divine, où l'amour, qui est une chose si douce pour le cœur, est un moyen d'expiation ! *Il lui sera beaucoup pardonné, parce qu'elle a beaucoup aimé !*..... Aussi sainte Thérèse disait avec sensibilité, en parlant de Satan : Le malheureux ! il fut méchant, parce qu'il n'aima jamais..... Sainte Thérèse, je te remercie ; j'aimerai pour être bon. »

Ce dernier trait suffirait à peindre un homme tout entier !

A côté de ces effusions touchantes, il est remarquable de trouver certains passages à la date de 1801, avant l'apparition de l'immortel ouvrage de M. de Chateaubriand, à une époque où M. Ballanche ne connaissait pas encore celui qui devait être son glorieux ami. Souvent il exprime avec beaucoup de bonheur des idées qui allaient être merveilleusement présentées dans le *Génie du Christianisme*.

Cette expression même, le *Génie du Christianisme*, se trouve chez M. Ballanche qui l'a employé le premier et a eu la gloire de l'inventer. Le morceau suivant semble être un résumé éloquent du livre de M. de Chateaubriand ; mais le résumé a été écrit avant que le livre existât.

« Ainsi, cette même religion qui a détruit les autels sanguinaires de la superstition, en même temps que l'irréligion des anciens philosophes ; qui a défriché nos forêts ; qui a aboli l'odieuse institution de l'esclavage domestique ; qui a humanisé la guerre ; qui a civilisé l'Europe ; qui, par le double précepte de l'humanité et de la charité, a réparé les inégalités de la fortune et les inconvénients de la vie sociale; qui a montré aux hommes le niveau de la justice distributive; qui a fixé les idées de morale et de justice; qui a rendu moins fréquentes les révolutions des gouvernements modernes; qui a si souvent forcé le double monstre du despotisme et des séditions populaires à blanchir d'écume un frein sacré; qui a fondé le bonheur de tous, en cette vie, sur l'espérance d'un bonheur éternel; cette même religion, dis-je, à qui nous devons tant et de si grands bienfaits, est encore le principe fécondateur de tous nos succès dans la littérature et les arts.

« Poëtes, philosophes, moralistes, écrivains en tout genre, qui voudriez repousser de votre cœur les principes qu'elle vous a fait sucer avec le lait, vos efforts seront inutiles; elle préside à toutes vos pensées; elle vous modifie à votre insu, elle vous fait ce que vous êtes; et si quelques beautés étincellent dans vos ouvrages, c'est à elle que vous le devez. »

Enfin comment des citations de ce premier ouvrage pourraient-elles être terminées autrement que par ce passage dont les amis de M. Ballanche ne peuvent relire sans larmes les dernières lignes, parce qu'elles retracent à leur pensée cette mort chrétienne et sereine du vieillard, que le jeune homme avait prophétisée?

« Il est une patrie qui n'est jamais ingrate envers nous, une patrie qui nous promet de nous accorder le droit de cité dans son sein, pourvu que nous ne nous en rendions pas indignes ; cette patrie est le ciel. La terre que nous habitons est un lieu d'exil, où des enchanteurs cherchent à nous fixer par des prestiges ; mais le cœur se lasse bientôt de ces vains prestiges ; et, dévoré de la *nostalgie céleste*, il soupire après sa véritable patrie, après cette immortelle Jérusalem, qui est à l'abri de toutes les révolutions politiques et de toutes les vicissitudes humaines, et où il n'y a plus rien à désirer ni à craindre.

« Adieu, vallée de larmes, où j'ai passé les longues heures de ma captivité ! Adieu, désert aride, que l'habitude m'avait rendu aimable ! adieu, chers compagnons de mon exil, avec qui j'ai coulé quelques doux moments ! Ainsi parle, à sa dernière heure, le citoyen du ciel ; et l'ange de la mort vient délier doucement les faibles liens qui le retenaient encore à la terre. »

II

Découragement. — Le jeune homme de la Grande-Chartreuse. — Pèlerinage au Mont-Cindre. — Fragments.

A l'exaltation qui avait produit le livre *du Sentiment* succéda une période de tristesse et un grand abattement de cœur. Le poids que la confiante jeunesse avait un moment soulevé retomba plus lourdement. Le public, distrait par les victoires du premier consul, et par le travail de la société qui se reconstituait, n'avait pas eu le loisir de se recueillir pour écouter cette voix qui s'élevait si pure des rives de la Saône ; elle s'était perdue dans le bruit du canon de Marengo, dans le retentissement des salves qui proclamaient le nouveau législateur.

M. Ballanche ne s'aigrit point de ce silence qui se faisait autour de son début, signalé pourtant par quelques esprits attentifs et clairvoyants. Mais dans sa candeur il jugea qu'en se croyant quelque talent il s'était trompé et il se résigna sans se plaindre à l'obscurité.

« J'ai été, écrivait-il longtemps après, j'ai été quatorze ans de ma vie persuadé qu'il n'y avait en moi aucun talent réel, et alors non-seulement je me tenais fort en arrière, mais même je ne faisais aucun effort pour sortir de cette nullité. »

Bien que sa soumission à un arrêt qu'il croyait sans appel fût profondément sincère, elle n'en était pas moins douloureuse, et on peut croire que le peu de retentissement qu'avait eu son premier ouvrage, le peu d'encouragement accordé aux premières effusions de son âme, contribuèrent à le replonger dans cette disposition mélancolique dont l'avait un moment tiré l'espérance d'une œuvre utile aux hommes, d'un talent béni par eux. Les douleurs physiques vinrent encore l'accabler à ce moment où les illusions de l'avenir le délaissaient. Le mal du siècle, le mal de René, l'atteignit ; cependant il conserva toujours l'appui des sentiments religieux, et du sein de la nuit qui enveloppait son âme il ne perdit jamais de vue le pôle céleste. Mais il est certain que ce fut le temps où cette âme si douce approcha le plus de l'amertume. J'en trouve la preuve dans ces paroles durement éloquentes placées par M. Ballanche dans la bouche d'un jeune homme rencontré, dit-il, à la Grande-Chartreuse, paroles dont l'accent me semble trahir un malaise intime de son âme :

« Tous les jours de sa vie éphémère, l'homme donne un gage à la mort ; ses facultés s'émoussent peu à peu ; les objets de ses affections meurent autour de lui ; leur souvenir finit presque par s'éteindre dans son cœur ; et, chose affreuse à penser ! il ne peut attendre de la durée pour aucun de ses sentiments, pas même pour celui de la douleur la plus profonde et la plus juste. Il est bien temps que cet être délaissé, demeuré seul sur la terre, privé à la fois de sympathie et de souvenir, descende enfin dans la tombe vers laquelle il n'a fait que se traîner ; il est bien temps que celui qui a vu tant mourir meure à son tour ; car, à force de gémir, la source de ses larmes s'est tarie, et il n'en a plus à répandre sur ses propres malheurs.

« Enfin, après tant de disgrâces, il est enseveli sous la froide pierre du sépulcre! Il y est avec ses projets, avec ses prétentions aux honneurs et à la gloire ; le silence habite son ancienne demeure ; l'herbe croîtra tout à l'heure sur celle qui vient de lui être donnée : aujourd'hui on ne s'aperçoit déjà plus qu'hier il existait encore. La trace de ses pas est effacée : c'est presque comme s'il n'était jamais né ; il ne valait pas trop, en effet, la peine de naître ! »

Il me semble difficile de ne pas trouver dans ces paroles douloureuses l'expression d'un état réel de l'âme, au moins d'un état passager ; mais au sein de ces ténèbres on voyait pour ainsi dire poindre une aurore de sérénité, car M. Ballanche ajoutait :

« Comment un jeune homme paraît-il détrompé à ce point de toutes les choses de la vie ? Quel est cet incroyable effet de l'imagination qui sitôt agit sur ses facultés neuves, qui sitôt fait naître dans sa poitrine le gémissement de la douleur, et produit avec une tristesse si amère cette longue plainte contre la destinée? Qui a pu, à peine sorti de l'adolescence, lui découvrir déjà tout ce que l'homme renferme de misère, et la science, de vanité ?

« Toutefois le fond de cette âme n'avait pas échappé à tous. Ceux qui avaient passé par les mêmes épreuves l'avaient compris. Cette douleur intime qui s'échappe de ses paroles, cette mélancolie de ses habitudes tient à un malaise moral, à une solitude du cœur. Il se croit rassasié de la vie, et il ne l'a pas goûtée encore. Peut-être les chagrins et les ennuis sont venus le saisir prématurément. Il n'était pas armé pour le combat. Voyez, il ne sait accueillir aujourd'hui que l'ironie terrible de Pascal; demain peut-être il sera dompté par le puissant génie de Bossuet : heureux si le jour suivant il vient à prendre goût aux chants mélodieux de Fénelon, lorsqu'il charme notre exil par les plus douces paroles qui se soient trouvées jamais sur les lèvres d'un habitant de la terre ! »

Des lettres écrites par M. Ballanche à son ami Ampère, alors en proie aux agitations d'une âme aussi passionnée que son intelligence était puissante, ces lettres pour moi sacrées, et intéressantes pour le public par la signature et par l'adresse, montreront encore mieux que le fragment sur la

Chartreuse cette désolation froide et réfléchie à laquelle fut livré un moment celui qui en étai[t] encore à Pascal, mais qui devait arriver à Fénelon.

« Nous sommes deux misérables créatures ; un brâsier s'est logé dans votre cœur, le néant s'es[t] logé dans le mien », écrivait M. Ballanche à so[n] ami ; il eut même la pensée de quitter le monde dont il était dégoûté, et d'entrer dans l'état ecclésiastique. Il priait son cher correspondant de s'informer de ce qu'était la vie du séminaire. « Je voudrais savoir, ajoutait-il, si l'on ne peut pas mêler à tout cela quelque étude étrangère, le grec e[t] l'hébreu. » On voit qu'il demandait à tout un secours contre lui-même ; il avait songé aussi au mariage ; mais dans la disposition où se trouvait alor[s] son âme malade, il voyait là de nouvelles source[s] d'angoisses, et il finissait une lettre par ces parole[s] désespérées : « Dans l'état de garçon il est facile d[e] dévorer son existence, mais dans l'état d'époux e[t] de père c'est bien différent. » On verra tout à l'heure qu'il ne pensa pas longtemps ainsi.

Je me suis arrêté sur cette époque peu connu[e] de la vie morale de M. Ballanche, parce qu'ell[e] me semble renfermer un enseignement. Toute[s] les natures un peu exaltées sont exposées à traverser, après la phase de l'enthousiasme, l[a] phase du découragement. Il est bon qu'elles sachent comment on en sort. Un des êtres les plus sympathiques a cru un moment que le néant s'était logé dans son cœur....., il n'a vu dans l'existence qu'une douleur à dévorer ; mais ce paroxysme violent n'a pas duré, et ce n'a pas été, comme il arrive trop souvent, l'endurcissement du cœur qui a produit la guérison ; non, la tendresse du sien l'a sauvé. Une douleur nouvelle, au lieu d'aigrir son âme, y a fait pénétrer l'onction et la charité, qui depuis l'ont toujours remplie.

Jamais ne fut plus vraie la comparaison des poëtes orientaux entre le cœur de l'homme et le bois de santal, qui ne répand pas ses parfums avant que le fer l'ait blessé.

Ceci nous conduit à parler d'un épisode de la vie de M. Ballanche, épisode gracieux et triste, qui a produit les *Fragments.*

En 1808 M. Ballanche écrivit les *Fragments,* ces effusions mélancoliques et religieuses d'une âme tendre, qui ont fait dire à M. de Sainte-Beuve : « Si ces huit fragments étaient en vers ce qu'ils sont en prose, M. Ballanche aurait ravi à M. de Lamartine la création de l'élégie méditative. »

M. Ballanche a lui-même laissé quelques lignes où est déposé en partie le secret de cette douleur discrète et voilée qui gémit avec tant de charme et de douceur dans l'élégie de 1808.

L'auteur des *Fragments* ignora durant de longues

années le mystère du malheur qui les lui avait inspirés ; plus tard ce mystère a été en partie éclairci pour lui ; le père de celle qu'il avait désignée dans son cœur pour être la compagne de sa vie, après avoir perdu cette fille chérie, accablé par la solitude et la vieillesse, se rapprocha de M. Ballanche, déjà lui-même avancé en âge, et qu'il se plaisait à appeler son fils, comme en réparation d'un passé irréparable. M. Ballanche apprit alors comment des circonstances impérieuses, et qu'il est inutile de retracer ici, avaient empêché une union qui était dans les vœux de la jeune fille et dans les intentions de ses parents. Sous l'empire de ces circonstances elle avait épousé le fils d'un homme célèbre, et vingt ans plus tard était morte après avoir donné l'exemple de toutes les vertus chrétiennes. Nous ne prononcerons aucun nom propre ; mais il y avait trop de pureté dans cette histoire pour ne pas la raconter.

C'est peut-être rendre à la mémoire de M. Ballanche un hommage selon son cœur, que de citer ici quelques lignes tracées par celle qui lui en inspira à lui-même de si touchantes ; peut-être, s'il était là, nous saurait-il gré de chercher à faire aimer celle qu'il a aimée. J'ai sous les yeux un manuscrit contenant le récit d'un voyage de Montpellier à Lyon. Dans cette ville elle devait connaître M. Ballanche et faire avec lui une excursion à l'ermitage du Mont-Cindre, excursion qu'elle a racontée et qui nous intéresse plus particulièrement ; mais, dans le voyage de Montpellier à Lyon, on trouve quelques passages où se montre un esprit délicat et une âme élevée, qui justifie le choix de l'imagination du poëte.

« Je priai mon bon ange de rester près de ma mère, dit la jeune fille ; il me sembla qu'il la garderait encore mieux que le sien. »

Et à l'aspect des Arènes de Nismes :

« Je n'ai rien vu d'aussi imposant que ce monument ; je trouve qu'il effraie ; on est plus tenté de reculer que d'approcher. »

Timide étonnement d'une jeune biche effarouchée en présence d'une ruine.

« Les Arènes semblent être l'ouvrage des géants et la Maison Carrée l'ouvrage des génies. »

En parlant de la tour Magne :

« La pariétaire, le riz sauvage, les mousses se sont emparé de ces ruines qui veulent bien être ornées mais non pas cachées par elles. »

Vers la fin du morceau, quelques pressentiments mélancoliques apparaissent comme des éclairs lointains dans un ciel pur ; on est ému en lisant ces rêveries prophétiques du jeune âge qui ont été réalisées par la mort.

« Que suis-je, moi qui parais pleine de vie, de force, de jeunesse, si ce n'est cette fleur qui mourra peut-être avant le temps ; que suis-je, si ce n'est une jeune et fragile ruine ? »

Cette aimable et innocente plume a aussi tracé le récit du pèlerinage au Mont-Cindre, entrepris cette fois, non avec un père, mais avec un jeune et sage ami, auquel ce père l'avait confiée, et qu'elle appelle M. Simon. (Simon était un des prénoms de M. Ballanche.) Ils partent ensemble pour aller visiter l'ermitage. Moi aussi, durant mon enfance écoulée au pied du Mont-Cindre, j'ai beaucoup entendu parler de cet ermitage fameux dans tous les environs ; et, en me reportant à ces souvenirs, je comprends l'enthousiasme de la compagne de M. Simon, qui rêve au bout de cette promenade toutes les merveilles de la Thébaïde. La pieuse jeune fille salue dévotement les croix qu'elle rencontre sur son chemin et qu'elle s'applaudit de voir relevées. « *O crux, ave,* disais-je en passant, et je me rappelais tout ce que M. de Chateaubriand a dit sur ce sujet. » Puis l'on commence à s'élever, la vue devient plus belle en devenant plus étendue ; par moments on s'arrête et on s'assied pour la contempler ensemble ; le sage mentor, c'est ainsi qu'on l'appelle, est plein d'attention et de prudence, ses entretiens ne sont point frivoles, il observe les roches de la montagne ; « il cherchait à deviner, dit-elle, ce qui avait produit ces phénomènes ; est-ce le travail des eaux ou celui du feu ? »

L'écolière un peu indocile aime mieux dire avec le *Génie du Christianisme* : « Pourquoi, dès le premier jour, la vieille corneille n'aurait-elle pas sur un chêne centenaire prononcé de fatidiques accents ? Et pourquoi Dieu n'aurait-il pas créé la pierre calcaire en même temps que le granit que nous avons appelé primitif ? » Dans sa naïve espiéglerie de jeune fille, elle dit gaiement : « Il y avait un âne auprès de l'ermitage ; M. Simon remarqua qu'il avait la tête du zèbre. Comme je ne connaissais pas cet animal, je pensai que le zèbre a la tête de l'âne. » Arrivée à l'ermitage, elle invite son compagnon de pèlerinage à écrire quelque chose sur un mur, et il écrit : « Cet ermitage rappelle assez bien les destinées humaines ; resserré dans des bornes étroites, on y jouit d'une étendue immense. » Le penseur se montrait dans cette ligne tracée sur une muraille de l'ermitage du Mont-Cindre.

Il faut le dire, à travers ce gracieux récit, rien ne se montre qui, par la rêverie ou l'embarras, fasse de part ou d'autre pressentir un sentiment qui probablement n'existait pas encore. Peut-être naquit-il en ce jour, à leur insu, pendant cette innocente promenade, dans deux cœurs d'une pureté également virginale ; peut-être aussi, après ces souvenirs évoqués d'une double tombe, les tristes fragments qui parurent en 1808, quand l'espoir un moment éveillé dans le cœur de M. Balanche s'était éteint, auront un sens et un charme de plus.

« Souffle du printemps, pourquoi viens-tu murmurer à mon oreille le bonjour matinal? Tu m'apportes bien les douces émanations des fleurs; mais tu as oublié les riantes illusions de l'avenir. J'ai reconnu que le bonheur était une plante étrangère, qui croît dans les champs du ciel, et qui ne peut s'acclimater sur la terre. Souffle du printemps, laisse-moi.

« Jadis, dans mes longues rêveries, j'arrangeais le monde au gré de mes désirs; j'y cherchais ma place, et l'espérance cherchait avec moi en souriant. Bientôt je fus détrompé, et je compris le secret renfermé dans les paroles mélancoliques de Job. Cette tristesse des hommes qui ont sondé les abîmes du cœur et qui ont étudié les choses de la vie, ne me surprit plus.

« Les merveilles de la nature, les créations du génie venaient encore quelquefois enchanter mon imagination; mais c'était un plaisir vide et de courte durée. Assis à un banquet, ma tête se retirait en arrière, et je refusais de prendre part à la joie des convives, parce que je devinais que cette joie n'était qu'apparente.

« La présence des hommes me fatiguait, et j'étais mal lorsque j'étais seul. Je m'interrogeai et je crus qu'il me fallait cette douce société établie par Dieu même, cette société qui est le charme de la solitude, et qui est en même temps une solitude, mais aimable, mais animée.

« Je jetai les yeux autour de moi, et j'allais demandant la femme selon le cœur de l'homme de bien, celle qui devait rendre au zéphir son souffle élyséen, aux fleurs leurs parfums, à toute la nature sa magie, enfin à mes pensées leur calme et leur jeunesse.

« Je me lassai de chercher. Ma voix ne savait plus former que des soupirs, et mon oreille ne savait plus ouïr que des gémissements. J'étais comme le palmier du désert qui est destiné à avoir une existence stérile, et à mourir ignoré après avoir bu pendant quelques jours les larmes de l'aurore.

« Pourquoi s'obstiner à ne voir l'avenir que dans la vie? Eh! réfugions-nous dans cet autre avenir qui est au delà! Ainsi peut-être j'étais prêt de m'accoutumer à cet état de vide et de délaissement. J'avais cessé de me confier à l'espérance, et j'avais pris en pitié les destinées humaines.

« Cependant un jour une voix arrive jusqu'à mon cœur; et ce son ravissant, qui semblait détaché d'une harpe céleste, me révèle tout à coup une existence nouvelle. La voilà, me dis-je en moi-même, la voilà celle que Dieu m'a promise : elle a été mise sur la terre pour partager ma bonne et ma mauvaise fortune, pour donner un motif à mes actions et un but à mes pensées.

«Mes jours lui seront consacrés, elle saura tous les secrets de mon âme. Mes ennuis s'évanouiront devant le charme de ses paroles. Je la mettrai entre le ciel et moi pour conjurer le malheur.

«Mais le malheur ne l'a pas respectée elle-même. Cette douce et innocente victime n'est point étrangère aux choses de la douleur; j'ai vu des larmes dans ses yeux, et déjà son cœur a connu l'amertume de la vie. »

« Qu'importe, pour le peu que dure la vie, qu'elle ait des couleurs plus ou moins prononcées, qu'elle soit plus ou moins pleine de faits ? Et qu'il est vain ce désir de vivre chez les siècles futurs, qui tourmente quelques hommes ! Insensé qui consume ses jours pour apprendre à la postérité les deux ou trois syllabes muettes qui composent son nom ! Qu'est devenue la cendre d'Homère ? qu'est devenue la poussière qui fut Alexandre ?

« C'est ainsi que s'exprime une philosophie vulgaire : il est si facile de ne mépriser dans la vie que les choses éclatantes ! Mais cette autre philosophie qui enseigne à mépriser aussi les choses douces et aimables, à se méfier des illusions, à redouter les promesses de l'espérance, à apprécier les féeries de l'imagination, cette philosophie sévère, importune, est bien moins ordinaire, et elle est beaucoup meilleure.

« Qu'importe donc le plus ou moins de douleur, le plus ou moins de plaisir ? Que l'homme soit heureux ou malheureux, le temps est également hors de son pouvoir. Les instants succèdent aux instants, les jours aux jours, les années aux années, et il vient bientôt une année qui est la dernière, un jour qui est sans lendemain, un instant qui n'est suivi d'aucun instant. Alors le plaisir et la douleur ne sont plus qu'un songe, et la vie un souvenir confus.

« Nulle créature n'est seule pour la douleur ; elle souffre et elle fait souffrir. Si l'homme savait combien toutes les affections sont redoutables, il fuirait dans un désert pour n'en former aucune ; il s'arracherait de bonne heure à celles dont il aurait contracté la douce habitude en naissant. Il faut que tôt ou tard il jette le désespoir dans l'âme des êtres qui lui sont chers, ou qu'il soit lui-même en proie au désespoir à cause d'eux. Dès qu'il commence à sourire, voilà le malheur, voilà les maladies, voilà la mort qui choisit une victime à côté de lui et dans son cœur.

« Les douleurs du corps sont finies, mais les tristesses de l'âme et les ennuis du cœur n'ont point de bornes. Les forces du corps s'épuisent dans la douleur physique, et la souffrance cesse par son excès : la douleur de l'âme donne une nouvelle énergie à la force vitale, et le flambeau de l'existence qui paraissait près de s'éteindre se rallume de nouveau. La douleur physique a toujours des gémissements à exhaler, des larmes à répandre ; la douleur morale n'a souvent ni la consolation des gémissements ni le soulagement des larmes.

« Mais ne suis-je point ici rebelle à ces deux philosophies, l'une vulgaire et l'autre sublime, dont je viens d'exagérer peut-être les austères leçons ? En effet, au moment même où je voudrais briser le mobile de tant de nobles pensées, et tarir la source de tant de sentiments consolateurs, il me semble que j'entends au fond de mon âme une voix qui murmure et qui m'accuse d'injustice.

« Ah ! malgré les tourments qui suivent nos affections, ne redoutons point d'en former, puisque notre cœur est fait ainsi, qu'il ne peut s'en passer. Au risque de rencontrer la douleur, abreuvons-nous de ces doux sentiments que Dieu créa pour donner sans doute l'idée d'une félicité à laquelle il ne nous est pas permis d'atteindre sur la terre.

« De quel droit encore voudrions-nous que ceux qui ont reçu ce don d'en haut, qui fait désirer de vivre dans la mémoire des hommes, refusassent la brillante auréole de la renommée ? Le désir de la gloire n'est autre chose que le sentiment de la vie qui essaie de repousser la mort, l'instinct d'une grande âme qui pressent son immortalité. »

———

« Le printemps a fui, l'été lui a succédé, et maintenant voici l'hiver. Le printemps reviendra couronner la terre de fleurs, les beaux jours renaîtront, mon ceur restera flétri. La courte vie de l'homme contient une vie plus courte encore, qui s'est éteinte en moi, c'est celle des illusions.

« La nature est désenchantée, l'avenir est sans prestiges, l'espérance n'a plus de promesse, mon imagination méconnaît l'idéal qu'elle-même créa, et mon âme est en proie à une tristesse dont elle ne peut pas prévoir le terme. Il est des blessures qui ne se cicatrisent jamais : il est des larmes qui sont toujours amères.

« Certaines douleurs ne sont pas sans un charme vague et inexprimable auquel on aime à se livrer ; mais il est d'autres douleurs dont on voudrait pouvoir anéantir le souvenir quand l'orage qui les a amenées sur nous est passé.

« On ne rêve qu'une fois le bonheur. En effet, lorsqu'on a cru l'apercevoir, et qu'on a reconnu son erreur, où pourrait être le garant d'autres espérances si l'on avait encore la faiblesse d'en former ? L'amandier, qui s'est trop confié aux promesses d'un zéphir trompeur, perd ses fleurs précoces, et le raisin ne mûrira pas sur la vigne qui a été surprise par la gelée de mai. L'hiver durera toute l'année. »

« Maintenant donc, puisque tout enchantement est détruit, que me reste-t-il à faire sur ce grain de sable qu'on appelle la terre ? Il me reste à me confier doucement aux promesses immortelles qui sont faites à l'homme, et qui doivent s'accomplir au delà du tombeau. »

« Hermann est conduit par sa rêverie au bord d'un limpide ruisseau. Là il s'assied et comtemple avec un charme secret l'onde qui fuit en murmurant. Il roule dans sa tête les années sitôt écoulées de son enfance, et les souvenirs bien récents encore de sa fugitive adolescence. Il repasse dans sa mémoire ses premières impressions, ses premiers plaisirs, ses premières peines; car déjà il n'est plus étranger aux ennuis, déjà il a connu la douleur. Son avenir cependant s'offre à lui revêtu du voile magique de l'illusion. Il conçoit l'idée du bonheur, et cette idée vient se lier en même temps au désir de partager son existence avec celle d'une femme selon son cœur. Il se plaint doucement en lui-même de n'avoir pas encore trouvé celle qui doit réaliser tous les enchantements de sa jeune imagination.

« Pendant qu'il se laisse ainsi entraîner à ces pensées, il aperçoit dans le miroir des eaux une figure charmante qui vient se placer à côté de la sienne. Cette apparition merveilleuse lui rappelle d'une manière confuse, et sans le faire sortir de sa rêverie, la surprise de notre premier père, si bien décrite par le poëte d'Albion. Il ne sait s'il veille réellement, ou s'il n'est point abusé par un songe aimable ; et, dans la crainte de commettre la même imprudence que le chantre des *Géorgiques* raconte d'Orphée ramenant Eurydice à la lumière, il n'ose tourner la tête. Il reste donc sans mouvement, les yeux attachés sur cet objet ravissant.

« Ce n'était point un songe. L'attrait de la solitude avait conduit Dorothée dans ce lieu. Elle s'était trouvée près du jeune rêveur sans l'apercevoir ; ensuite elle avait craint de troubler la méditation profonde dans laquelle il

semblait plongé. Elle avait été retenue immobile, d'abord par l'étonnement, et ensuite par une sorte de curiosité qui s'était changée aussitôt en un autre sentiment. Les deux charmantes créatures ne se voyaient point ; le ruisseau seul les montrait l'un à l'autre. L'image d'Hermann semblait sourire à Dorothée, et lui dire en tremblant ces premières paroles de l'amour, si bien comprises, quoique si mal articulées : « Aimable fille, n'es-tu point un ange
« du ciel ; ou Dieu me montre-t-il en toi l'é-
« pouse qui embellira ma solitude, comme
« autrefois, dans Eden, il présenta à Adam sa
« belle compagne ? » L'image de Dorothée semblait sourire en retour à l'heureux Hermann, et lui dire, avec l'expression naïve de l'amour sanctifié par la pudeur : « Noble jeune homme,
« je te choisis dès ce moment pour mon époux ;
« je quitterai, quoiqu'en pleurant, la maison
« paternelle, pour être dans ta demeure la
« mère fortunée de tes enfants. »

« Tel fut le muet langage que durant cette douce extase les deux amants lurent sur le visage l'un de l'autre, reflété dans le cristal de la fontaine. Mais la scène enchantée que je viens d'esquisser si faiblement n'était qu'une vaine illusion, car ces aimables présages ne se sont point réalisés ; et une rencontre qui paraissait devoir être la source de tant de félicité n'a produit que des larmes.

« Je sais que le poëte qui a célébré l'histoire d'Hermann et de Dorothée lui a donné un autre dénouement que celui qu'on vient de lire ; mais faut-il toujours croire les poëtes, artisans de gracieux mensonges ? Ils se jouent sans remords de notre imagination, si facile à se laisser séduire, et notre cœur s'abandonne sans méfiance à l'harmonie de leurs concerts. Habiles quand ils le veulent, à mêler l'or et la soie au fatal tissu des Parques, ils savent prodiguer des trésors qui ne leur coûtent rien. Dieu, qui leur donna une lyre d'or pour chanter les merveilles de la création, leur permit de s'en servir aussi pour endormir les ennuis des hommes. »

Voici maintenant ce qu'écrivait en 1830 M. Ballanche, en réimprimant les *Fragments* dans un volume qui contenait deux de ses ouvrages :

« Tout un ordre de choses se trouve compris entre l'*Antigone* et *l'Homme sans nom.*

« Les fragments recueillis par une main amie, et que l'on vient de lire, n'auraient point dû trouver leur place à côté de ce double emblème des destinées humaines ; et cependant que l'on veuille bien me pardonner de les avoir conservés. Combien de fois les saisons se sont renouvelées depuis les jours où je les écrivais dans la solitude ! Que de pensées, que de sentiments, que d'études, sont entrés dans mes souvenirs et s'en sont évanouis ! Ai-je vécu ? Ai-je seulement rêvé ? Et je suis certain que c'est toujours moi ! moi divers et le même ! moi successif et identique ! Ceci me fait comprendre et sentir la perpétuité de l'existence, ailleurs, sous d'autres cieux, ailleurs avec un autre monde extérieur, ailleurs avec des sentiments et des pensées d'un autre ordre, ailleurs, enfin, en rapport avec d'autres êtres, avec d'autres intelligences, avec des faits d'une autre nature ; et cependant, vie du passé, oh ! que je te contemple encore une fois, encore une fois qui sera peut-être la dernière ! L'âge a pesé sur ma tête. L'initiation de la douleur a porté ses fruits. Et cependant, même aujourd'hui, je ne puis jeter les yeux sans larmes sur ces anciens confidents d'une absence qui commençait alors, et qui ne devait plus finir.

« Le 14 août 1825, date bien funeste, que j'ai longtemps ignorée, et dont je n'ai été averti par aucun pressentiment; du moins, si une corde de ma lyre a rendu un son funèbre, le mouvement du monde m'a empêché de l'entendre; le 14 août, une belle et noble créature qui m'était jadis apparue, et qui habitait loin des lieux où j'habitais moi-même, une belle et noble créature, jeune fille alors, jeune fille à qui j'avais demandé toutes les promesses d'un si riche avenir; en ce jour, cette femme est allée visiter, à mon insu, les régions de la vie réelle et immuable, après avoir refusé de parcourir avec moi celles de la vie des illusions et des changements. Hélas! je dis qu'elle avait refusé, mais il y a là un mystère de malheur que je ne saurai jamais sur cette terre.

« Ah! si je n'avais à léguer que ces tristes pages, sans doute elles auraient dû rester dans l'oubli. Suis-je donc le seul dont la destinée se soit trouvée à jamais incomplète? Le monde en est plein. D'ailleurs toutes les destinées humaines sont faites pour être incomplètes ici-bas.

« Laissons à présent dormir en paix ces souvenirs d'un passé confondu dans bien d'autres passés, et voyons ce qui se remue autour de nous. Le spectacle des affaires humaines ne vaut-il pas mieux que la contemplation de nos propres douleurs, de nos douleurs anciennes et nouvelles ? Il me semble qu'aujourd'hui le spectacle des affaires humaines est beau dans le pays de France.

« La Restauration, lorsqu'elle s'est accomplie en présence de l'Europe, la Restauration s'est ignorée elle-même, parce qu'un temps, une force, un principe, s'ignorent toujours. »

Et M. Ballanche, enlevé au souvenir de ses propres tristesses par sa sympathie pour les destinées humaines, détourne la tête du passé et se replonge dans la contemplation du présent et de l'avenir.

L'incident douloureux auquel se rapportent les *Fragments* ne tint pas une grande place dans sa vie, au moins dans la partie extérieure de cette vie. Depuis, son cœur appartint à un sentiment plus sérieux et qui fit réellement sa destinée ; mais au milieu des préoccupations de l'intelligence, des affections profondes de l'âme, il lui resta toujours un vague et mélancolique souvenir de cette espérance trompée, de ce songe évanoui ; et, sans parler des *Fragments*, on peut retrouver dans les graves entretiens d'Orphée et d'Eurydice quelques réminiscences altérées de la course au Mont-Cindre.

III

Voyage à Rome — Antigone.

Après le douloureux épisode auquel se rapportent les *Fragments,* M. Ballanche reprit doucement sa tristesse; tristesse plus réelle que celle du jeune homme malade, dont la plainte n'avait point d'objet déterminé; tristesse aussi plus calme et plus résignée peut-être parce qu'elle était plus profonde.

Ce fut alors qu'il eut l'idée d'écrire *Antigone.* Le malheur accepté comme loi suprême de la condition de l'homme, comme moyen d'expiation et d'épreuve, le malheur coupable, incarné dans

Œdipe, le malheur innocent personnifié dans Antigone, telle fut la première pensée de M. Ballanche quand il choisit pour sujet la sombre histoire du fils de Laïus et de ses enfants. Cet arrêt de la destinée humaine est souvent proclamé dans *Antigone*. L'auteur se complaît douloureusement à moduler sur toutes les cordes de sa lyre cette plainte, qui, dans les *Fragments*, sortait du plus profond de son cœur : *Il n'y a de réel que les larmes.*

Sans doute le désespoir d'Hémon et le triste dénouement du poëme, l'amour sans hymen, les noces consacrées par la mort, toutes ces choses si tristes furent imaginées d'abord par le poëte sous l'impression de ce deuil récent d'une espérance bientôt morte dans son cœur.

Mais pendant qu'il composait *Antigone*, la poésie devait lui apparaître sous une forme enchanteresse ; il devait connaître celle dont il a dit : qu'elle avait par son charme endormi ses douleurs ; celle qu'il a saluée du nom de Béatrix ; qui, après avoir été l'âme de ses inspirations les plus élevées et les plus délicates, dans d'autres années a été la providence de tous ses instants jusqu'au jour où elle est venue s'asseoir au chevet du fidèle ami qu'elle devait pleurer.

Il faut bien qu'elle me permette de parler d'elle en parlant de M. Ballanche, car la retrancher d'une existence qu'elle remplissait, ce serait mutiler cette existence ; l'ami perdu et toujours présent ne le permettrait pas ; d'ailleurs c'est lui-même qui parlera, c'est lui qui fera ces confidences touchantes et qui nous apprendra combien le personnage idéal d'Antigone se confondait dans son imagination avec celui de la *noble exilée ;* c'est le nom qu'il aime à donner à la brillante et généreuse amie de Mme de Staël. Il devait naturellement en être ainsi. Mme Récamier, que l'exil venait de frapper parce qu'elle avait résisté à la tyrannie pour demeurer fidèle à l'amitié, Mme Récamier devait donner ses traits à l'héroïne qui était pour M. Ballanche le type du dévouement.

« Oui, vous êtes bien l'Antigone que j'ai rêvée ; oui, cette destinée à part, cette âme élevée, ce cœur généreux, ce génie du dévouement sont des traits de votre caractère. Vous auriez enfin inspiré l'hymne à la beauté qu'Antigone chantait parmi ses belles compagnes. Je commençais seulement à travailler à Antigone lorsque vous m'êtes apparue à Lyon, et Dieu seul sait pour combien vous êtes dans la peinture de cet admirable personnage. L'antiquité est bien loin de m'en avoir fourni toutes les données, cet idéal m'a été révélé par vous.

Souvenez-vous encore que c'est auprès de vous que j'ai écrit l'épithalame funèbre. J'expliquerai un jour toutes ces choses ; je veux que dans l'avenir on sache qu'une créature si parfaite n'est pas tout entière de ma création. »

Ce fut Camille Jordan qui amena chez Mme Récamier un jeune homme un peu timide et silencieux, mais dont la distinction se révéla tout d'abord à celle qui en était si bon juge. Ces deux âmes étaient douces, nobles et tristes ; elles s'entendirent. Une existence encore presque ignorée et une existence que tant d'éclat avait déjà entourée furent rapprochées par une sympathie sérieuse et une délicate association de sentiments et de pensées. Cette affection devait remplir la vie de M. Ballanche. Nous avons déjà appris de lui quelle place elle tint dès lors non-seulement dans son cœur mais dans ses ouvrages ; le dernier livre d'Antigone fut écrit à Rome où M. Ballanche était allé visiter la noble exilée.

J'ai parlé ailleurs (1) de quelques lignes écrites à Rome par M. Ballanche disant adieu à cette ville que tant d'hommages ont saluée de siècle en siècle. En 1813 Rome était sans pape : M. Ballanche fut frappé surtout « de la grande ombre du souverain

---

[1] *La Grèce, Rome, Dante,* études littéraires d'après nature.

pontificat tout brillant de son absence même. » En réimprimant ce fragment vingt ans plus tard l'auteur a dit :

« La vieille Rome ne m'avait point alors révélé ses mystères ; j'étais plongé dans tous les lieux communs de l'histoire. »

Il n'y était pas, quoiqu'il en dise, tellement plongé qu'il ne se montrât avec ses émotions personnelles au milieu des effusions inévitables sur la misère des grandeurs humaines.

« La poésie et les arts, disait-il encore triste, ne m'offrent plus que de faibles enchantements ; ils ont perdu tout pouvoir de me distraire et de m'exalter ; ma vie s'est comme réfugiée dans mes affections ; elles seules peuvent me faire jouir et souffrir. » Il s'écriait : « Ce n'est pas Rome que j'étais venu chercher ici. » — Non sans doute, mais celle qu'il était venu chercher lui avait montré Rome, et la majesté des souvenirs et des ruines n'y avait rien perdu. Le Colysée gagne à être éclairé par les discrètes lueurs de Diane.

Le lecteur retrouvera volontiers, je pense, trois des plus remarquables passages de l'*Antigone*, le récit étrange de la victoire d'Œdipe sur le Sphinx, — la mystérieuse mort d'Œdipe, — le mélancolique épithalame chanté par les compagnes d'Antigone auprès de sa couche funèbre.

LE SPHINX.

« Le sphinx était assis sur une des croupes
« arides du mont Phicéus ; de là il répandait
« la terreur sur toute la contrée. J'arrive en
« sa présence, au lever de l'aurore : un rideau
« de nuages transparents couvrait sa stature
« immense. Il avait le visage d'une femme ;
« tous ses traits, parfaitement réguliers, étaient
« immobiles : j'aperçois encore cet œil scruta-
« teur qui semblait vouloir arracher les plus
« intimes secrets de la pensée, et dans les con-
« tours de sa bouche une sorte d'ironie triste
« et terrible qui me faisait frémir. Oui, je puis
« l'avouer à présent, quand je vis ses mains
« terminées en griffes énormes s'avancer hors
« du nuage, toutes prêtes à saisir une proie
« assurée, je commençai à me repentir de ma
« témérité. Cependant l'énigme m'est propo-
« sée, mais d'une manière toute nouvelle et
« toute merveilleuse. Aucun son articulé ne
« retentissait à mon oreille. Aucun mouvement
« ne paraissait agiter les lèvres du monstre ;
« seulement j'entendais comme une voix inté-
« rieure qui résonnait sourdement au fond de
« ma poitrine. Au même instant, les regards

« du sphinx s'allumèrent, une joie féroce anima
« son visage ; ses griffes s'abaissèrent sur ma
« tête : alors je tirai mon glaive, et, me cou-
« vrant de mon bouclier, je m'élançai sur mon
« terrible adversaire ; car il m'était livré, j'a-
« vais deviné l'énigme. Mon fer s'enfonça dans
« je ne sais quoi qui n'existait plus : tout avait
« disparu comme une vision. Néanmoins mon
« glaive dégouttait d'un sang immonde, et j'a-
« vais entendu un bruit faible, mais sinistre,
« tout semblable au râle d'un homme qu'on
« égorgerait dans les bras du sommeil. »

LA MORT D'ŒDIPE.

L'Œdipe, après avoir béni et consacré sa fille, la prie de le laisser seul avec son destin, en présence des dieux.

« Antigone s'éloigne en pleurant. Bientôt elle entend un bruit effroyable. Le jour paraît s'éteindre ; seulement quelques éclairs rares, mais prolongés, traversent l'obscurité profonde. Les sommets du Parnasse, les cimes de l'Hélicon semblent jeter des flammes. Tout à coup retentit au loin comme le roulement d'un char qui se précipite du haut d'une montagne dans le fond d'un ravin, où il arrive brisé. Antigone se retourne, le cœur serré de mille angoisses, et elle voit, entre les deux chênes embrasés, le malheureux roi de Thèbes, le visage couvert d'un long voile, tenant d'une main le couteau sacré, et de l'autre la patère pleine du sang de la victime. L'auguste misérable est entouré d'une lumière dont la vierge ne peut soutenir tout l'éclat, et qui s'éteint aussitôt : alors d'épaisses ténèbres lui dérobent la vue de son père ; et du sein de ces ténèbres mystérieuses sort ce dernier cri : « Hélas ! hélas ! adieu, ma fille ! » A l'instant même renaît la clarté du jour. Antigone s'approche en tremblant ; mais elle ne trouve que la brebis égorgée : il ne restait plus rien d'OEdipe. Ainsi disparut de la terre le fils de Laïus. Fut-il consumé par la foudre ? Fut-il englouti dans un abîme ? Fut-il enlevé vivant dans l'Olympe ? Les dieux se sont réservé ce secret. »

On voit que M. Ballanche s'élevait à la hauteur de la Melpomène grecque ; on va voir qu'il savait emprunter à la poésie antique ce qu'elle a de plus gracieux, y mêlant comme toujours la mélancolie et la gravité de l'inspiration chrétienne.

L'ÉPITHALAME FUNÈBRE.

« La jeunesse de Thèbes se rassembla le lendemain autour du tombeau de la pieuse Antigone et du généreux Hémon. Les jeunes filles avaient des branches de myrte et des couronnes de roses; les jeunes hommes tenaient à la main des couronnes de chêne et des branches de laurier.

« Voilà ton époux, disaient les guerriers,
« voilà ton époux; jeune, beau, plein de sen-
« timents généreux, il t'aime comme on aime
« la gloire, comme on aime sa propre vie,
« lorsque tout sourit dans l'avenir, lorsque
« toutes les pensées reposent dans l'espérance.
« Il t'a consacré ses jours brillants, ses belles
« actions, ses nobles sentiments; oh! lève tes
« yeux sur lui; ses beaux cheveux sont cou-
« ronnés de la fleur d'hyacinthe; on lit sur ses
« lèvres les paroles harmonieuses qui vont y
« éclore. Ne refuse pas de voir comme ses re-
« gards s'énivrent du bonheur de te contem-
« pler dans l'éclat de l'innocence et de la
« beauté. Il te tend ses bras, qui semblent en

« ce moment désaccoutumés du glaive me-
« naçant. Néanmoins la force habite sa mâle
« poitrine : il saura te protéger et te défen-
« dre ; son bouclier t'environnera dans ta fai-
« blesse. Vierge modeste, approche de ton
« époux. »

« La voilà, disaient les jeunes filles, la voilà
« celle qui excite tant d'amour. Voyez comme
« elle est belle ! Elle est meilleure encore qu'elle
« n'est belle. Une couronne de roses couvre
« son front ingénu. Les Grâces elles-mêmes
« ont tissu le voile léger qui descend sur son
« visage ; ses yeux laissent échapper une douce
« flamme ; l'expression de mille sentiments
« tendres et élevés semble errer sur ses lèvres
« charmantes. Nous la connaissons, c'est notre
« compagne, c'est notre amie ; nous avons passé
« avec elle les premières années de notre en-
« fance parmi les prairies fertiles qu'arrose le
« Dircé. Plus d'une fois nous nous sommes
« baignées avec elle dans les eaux de la fon-
« taine Acidalie ; plus d'une fois nous l'avons
« aidée à tresser des guirlandes pour parer les
« autels des muses. Ah ! ce sera le souvenir
« le plus beau de notre vie, ce sera le sujet

« éternel de nos entretiens d'avoir ainsi été
« les compagnes, les amies d'Antigone. Pour-
« quoi veux-tu nous quitter, ô la meilleure et
« la plus belle? T'avons-nous fait quelque dé-
« plaisir? Es-tu dégoûtée de nos jeux inno-
« cents? Et ton époux t'aimera-t-il mieux que
« ne t'aiment tes compagnes? Qu'as-tu besoin
« de protection et d'appui, ô la meilleure et
« la plus belle? Ta vertu, tes grâces parfaites,
« ne font-elles pas ta sûreté? Les dieux te dé-
« fendraient, au défaut des hommes. Une vierge
« ressemble à ces fleurs solitaires qui exhalent
« leurs plus suaves parfums dans le vallon
« écarté ou dans le creux d'un rocher inac-
« cessible. Elles ne sont visitées que par les
« rayons de l'aurore, elles vivent de la rosée
« du ciel. Ainsi une vierge passe ignorée au
« milieu des hommes. Les dieux seuls connais-
« sent les secrets de son cœur et le charme de
« ses pensées intimes. »

« Non, reprenait le chœur des jeunes hom-
« mes, non, la meilleure et la plus belle ne se
« plaint point de ses aimables compagnes;
« mais vous ignorez, ô jeunes filles sans expé-
« rience! vous ignorez ce qu'est la vie. Il ne

« suffit pas d'aimer et d'être aimé; le mal-
« heur tourne sans cesse autour de la vertu.
« Vierge timide, mets-toi sous la protection de
« l'homme fort. Le courage est nécessaire pour
« marcher au travers des périls dont notre
« carrière est semée; il est nécessaire pour
« s'avancer vers ce terme inconnu et mysté-
« rieux qui est la mort. »

« Eh bien, répondaient les jeunes filles, nous
« ne te retiendrons plus parmi nous, ô la meil-
« leure et la plus belle! Tu peux aller em-
« bellir la demeure de celui qui s'est nourri
« de la moelle du lion, du miel du vieux chêne;
« va répandre sur ses joues cette joie sérieuse
« qui est le véritable amour. Entre dans la
« chambre nuptiale; précède ton époux, selon
« l'usage, et reçois nos adieux sur le seuil. Hé-
« las! cet hymen ne coûtera aucun sacrifice à
« la pudeur. Adieu! ô la meilleure et la plus
« belle! »

« Adieu, répétaient les jeunes hommes,
« adieu, noble prince; adieu, vierge char-
« mante! Adieu, ô le plus généreux et le plus
« vaillant! Adieu, ô la meilleure et la plus
« belle! »

Une lettre écrite par M. Ballanche au sujet de différents articles publiés dans les journaux sur *Antigone*, et dans laquelle il juge les jugements rendus, fait honneur à son esprit et à son âme. L'appréciation des critiques dont on a été l'objet est une redoutable épreuve pour la vanité irritable ou la fausse modestie. M. Ballanche écrivait :

« Les *beaux éloges* des journaux sont venus dans un assez mauvais moment. Ils m'ont fait peu de plaisir. Comme vous avez eu la bonté de vous y intéresser beaucoup, je me crois obligé de redresser, mais pour vous seulement, les jugements qu'ils ont portés. Il y a des éloges que je crois mériter, d'autres que je ne mérite point, d'autres que je trouve exagérés ; enfin, il y en a que je crois mériter et auxquels on n'a pas songé.

« Nodier a commis, à mon sens, plusieurs erreurs graves. Il a accusé les anciens d'avoir généralement cru à la fatalité, d'y avoir cru à l'exclusion de toute croyance. Enfin, il a donné à penser que la fatalité faisait le fond de la croyance des anciens. Pour moi, je crois que la conscience des hommes a toujours admis la liberté de l'homme et par conséquent a repoussé, par sentiment, le système de la fatalité. Le symbole moral de Némésis, c'est-à-dire de la justice distributive, est un symbole que je n'ai point inventé. C'est un symbole qui est dans les dogmes les plus certains de l'antiquité. J'ai eu, il est vrai, la bonne pensée d'en faire la base religieuse de mon ouvrage : il fallait me louer de cela, mais il ne fallait pas me louer d'autre chose.

« Nodier me loue d'avoir placé la mort d'OEdipe sur le Cythéron : il a bien raison; mais il a remarqué avec beaucoup de justesse que Sophocle avait eu de bonnes raisons pour placer cette catastrophe dans le bourg de Colonne. Ainsi Sophocle et moi avons été bien inspirés : il fallait donc ne pas déprimer ensuite Sophocle pour relever mon mérite. Placer la mort d'OEdipe sur le Cythéron était aussi nécessaire à l'esprit de ma composition, que la placer dans le bourg de Colonne était nécessaire à l'esprit de la composition de Sophocle. D'ailleurs, sans nuire à ce qu'il y a de bien dans la description que j'ai faite de la mort d'OEdipe, on pouvait bien rendre justice à l'admirable scène de Sophocle. »

Cette appréciation faite ainsi par l'auteur en toute conscience et avec un discernement très-fin me paraît remarquable à tous égards, et le petit mouvement d'humeur contre l'article très-favorable de Nodier, qui aurait bien *pu être plus juste pour l'admirable scène de Sophocle,* me touche beaucoup.

IV

La Restauration. — L'Essai sur les institutions sociales. — L'Homme sans nom. — Le Vieillard et le Jeune Homme. — Opinions politiques et littéraires de M. Ballanche.

De tous les ouvrages de M. Ballanche celui peut-être dans lequel se trouve le mouvement d'esprit le plus hardi et le plus varié, c'est l'*Essai sur les institutions sociales*. Dans ce volume la pensée toujours élevée est souvent rendue saillante par l'expression ; l'esprit de conversation vient se placer à côté du génie spéculatif et traduire pour le monde les oracles inspirés par la solitude. On sent que de nouvelles habitudes sont entrées dans la vie de M. Ballanche ; le reclus de Grigny est devenu l'habitant du salon de l'Abbaye-aux-Bois. Jusqu'ici on ne l'a guère entendu que gémir ou chanter; il cause maintenant, il a de l'entrain, il a de la verve, il est ingénieux, piquant, il touche au paradoxe.

Nous sommes en 1818, c'est le moment où dans le champ de la politique les opinions des libéraux et celles des ultras se combattaient avec violence, où sur le terrain de la littérature les doctrines classiques et les théories romantiques se heurtaient à grand bruit. Dans cette mêlée, M. Ballanche, loin de s'intimider, s'anime; en politique comme en littérature, les deux causes l'attirent par ce qu'elles ont de meilleur. Il y a de part et d'autre une portion de vérité qui l'entraîne, un aspect de grandeur qui l'exalte et le séduit; il honore les deux bannières.

Les habitudes de sa vie sont pour l'ancienne, les sympathies de son intelligence sont pour la nouvelle. Il salue le drapeau du passé avec un respect attendri, mais il saisit et il agite avec quelque ardeur l'étendard de l'avenir. En toutes choses il veut qu'on respecte ce qui a été bienfaisant et salutaire pour le genre humain; il demande qu'on ne foule pas aux pieds, au nom des lumières, la poésie qui a été longtemps la seule lumière; il a un vif sentiment de la place que la poésie a tenu dans le monde et du rôle qu'elle est appelée à jouer dans la société future.

« Est-il besoin de l'apprendre encore aux hommes ? Il est des choses qui tombent et s'évanouissent, uniquement parce qu'on veut les soumettre à l'examen. Ces choses ne peuvent, il est vrai, supporter l'analyse et la discussion : elles disparaissent comme le diamant dans le creuset de Lavoisier ; mais cela ne prouve ni contre ces idées, ni contre le diamant. Rien ne peut faire que le diamant ne contînt de la lumière avant d'entrer dans le creuset mortel ; rien ne peut faire non plus que les idées qui ont cessé d'être à notre usage n'aient longtemps éclairé le monde.

« Professons un culte religieux pour la cendre de nos ancêtres, si nous voulons que notre poussière, lorsque nous aurons cessé de vivre, ne soit pas, à son tour, jetée aux vents. Je demanderai donc aux partisans des idées nouvelles si, parce que ces idées, qui leur paraissent être la raison même, eussent été méconnues et même honnies à de certaines époques, le mépris dont on les aurait couvertes aurait pu prouver contre elles. Ne soyons pas aussi exclusifs, et consentons à croire qu'avant nous il y avait de la sagesse et de la raison sur la terre. Mais la sagesse et la raison eurent jadis d'autres formes. Lorsque l'homme doué de génie prenait cette lyre d'or que lui avait donnée le ciel, il en tirait des sons qui lui étaient inconnus à lui-même; et il n'y avait alors que ces sons divins qui eussent reçu le pouvoir d'adoucir les mœurs, d'élever les sentiments, d'agrandir les facultés. Les miracles d'Orphée et d'Amphion ne sont point de vaines fables. Sans cette lyre d'or les peuples de la Thrace seraient restés sauvages, et les murs de Thèbes ne se seraient jamais élevés. Essayez, si vous le pouvez, de faire pénétrer, par le moyen de vos Codes arides, les bienfaits de la civilisation parmi les hordes barbares qui n'ont pas encore vécu sous le joug et sous la protection des lois!

« Maintenant, je le sais, la poésie semble être exilée de la société : tôt ou tard elle rentrera dans son domaine, tôt ou tard nous redeviendrons attentifs aux sons échappés de la lyre des poëtes. »

En politique M. Ballanche ne voulait point que la France reniât ses traditions et ses souvenirs, c'est-à-dire ses gloires; il disait éloquemment :

« Pourquoi, d'ailleurs, ne dater que d'hier?

Pourquoi abjurer les souvenirs antérieurs à la révolution, ou ne les rappeler que pour les flétrir? Pourquoi renouveler sans cesse le grand sacrifice de Louis XVI, et recommencer continuellement à disperser les royales poussières qui sont rentrées dans leur repos?»

Certes M. Ballanche appartenait à cette école de législation qu'au delà du Rhin on appelle historique, lui qui a dit ce mot profond qui résume d'une manière frappante les théories de cette école des Niebuhr et des Savigny :

« Jamais une loi ne se fait, elle se promulgue. »

En même temps M. Ballanche était conduit par les instincts de son cœur et de sa raison aux doctrines de liberté. Qui à cette époque eût pu faire une profession de foi d'un libéralisme plus décidé ?

« L'ère nouvelle n'est point seulement, comme on l'a cru, celle de la liberté civile, ni même celle de l'égalité devant la loi, et de l'admissibilité de tous à tous les emplois; c'est l'ère de l'indépendance et de l'énergie de la pensée; celle des lois écrites substituées aux lois traditionnelles; celle des institutions sociales et des institutions religieuses marchant sur deux lignes séparées ; celle du bien-être social appliqué à toutes les classes ; celle de la raison humaine devenue adulte, et s'ingérant de décider par sa propre autorité ; celle de la démonstration rigoureuse, qui repousse les axiomes en géométrie et les préjugés en politique ; celle du discrédit des faits antérieurs pris comme base convenue et incontestable ; celle de l'opinion consultée à chaque instant, et à part même de toute conjoncture nouvelle. »

Enfin c'est lui qui, dans l'*Elégie*, effusion d'un sentiment tout royaliste à l'occasion de la mort du duc de Berry, disait à ceux qui voulaient faire rétrograder les temps :

« Imprudents, apprenez donc une chose, apprenez qu'une dynastie est établie par Dieu pour diriger la société, mais la société telle que Dieu la lui a confiée et non point la société telle que vous la faites dans vos rêves d'autrefois, telle que vous la concevez dans vos théories frappées de désuétude. Ecoutez cette vérité inexorable qui dit : Sitôt qu'une dynastie cesse de représenter la société, sitôt qu'elle cesse d'avoir le sentiment de ce rôle, elle ne peut subsister devant la toute-puissance des choses; alors le fait divin n'existe plus pour elle, alors sa mission est finie. »

Pour achever de rappeler tout ce qui se rapporte aux opinions politiques de M. Ballanche dans les premières années de la Restauration, il faut dire un mot de deux de ses ouvrages : *le Vieillard et le Jeune Homme*, *l'Homme sans nom*.

Du premier je ne citerai que la pensée, qui est ingénieuse, et le début, qui est gracieux.

Toujours occupé du grand fait social de notre époque, le renouvellement, et voulant rendre la confiance dans l'avenir à ceux qui étaient tentés de la perdre par découragement du présent, M. Ballanche, en mettant aux prises un jeune homme et un vieillard s'entretenant des destinées du monde, imagina d'intervertir les rôles. C'est le jeune homme qui désespère de son siècle; en présence de l'ancienne société qui s'en va, il ne sait où se prendre, tandis que le vieillard voit un avenir plein de promesse là où son jeune interlocuteur ne voit qu'une lamentable fin. Ce contraste est piquant; il tire les deux personnages de la banalité tant de fois reproduite du jeune enthousiaste et du vieillard désabusé. On est réconcilié avec la mélancolie du premier, parce qu'on sent qu'elle ne durera pas; on est touché de la confiance généreuse du second dans un avenir qu'il n'est pas destiné à voir s'accomplir; et ces deux types, pour être plus nouveaux, n'en sont pas moins vrais.

Dans les années qui ont suivi, M. Ballanche nous a montré jusqu'à la fin que l'espoir serein du *vieillard* n'était point une fiction; et quant aux tristesses du *jeune homme*, l'auteur avait pu en trouver la douloureuse expression autour de lui, dans une génération qui a passé par la mélancolie de René, et de laquelle on eût pu dire, en faisant comme M. Ballanche, en transportant à la jeunesse ce qui a été dit de la vieillesse :

> Qui n'a pas l'esprit de son âge
> De son âge a tout le malheur.

Les premières lignes du *Vieillard et le Jeune Homme* ont un grand charme :

« Mon fils, et il m'est permis de vous appeler de ce nom depuis que vous n'avez plus votre vénérable père, mon fils, vous portez dans votre sein une secrète inquiétude qui vous dévore. Mais, chose étrange! le sentiment qui d'ordinaire agite l'homme à votre âge, ce sentiment qui double l'existence, qui embellit l'avenir, ce sentiment vous laisse paisible. Ne dirait-on pas que, dégoûté de toutes choses, la vie n'a plus rien de nouveau à vous offrir? Vous avez à peine quelques souvenirs fugitifs, et déjà vous trouvez qu'ils vous suffisent, que vous n'avez pas besoin d'en recueillir d'autres. L'amour n'est point venu troubler votre âme ; vous n'avez point encore vécu avec vos semblables, vous ne connaissez point les hommes : les livres, mais les livres seuls vous ont tout appris. Vous cherchez la solitude comme l'infortuné qui a essuyé mille maux, qui a épuisé toutes les illusions, qui a connu la vanité de toutes les promesses de l'espérance. Caractère bien singulier de l'époque où nous sommes placés ! Le jeune homme n'a pas le temps de former des affections ; il franchit sans l'apercevoir le moment fugitif où elles devaient naître en lui : le sourire de la beauté n'atteindra pas son cœur, n'enchantera point son imagination... Le sentiment égaré de l'amour erre dans l'univers entier pour chercher quelque aliment à sa flamme dévorante. Les plus hautes conceptions des sages, qui pour y parvenir ont eu besoin de vivre de longs jours, sont devenues le lait des enfants.

« Ainsi donc, mon fils, l'aurore n'ouvre ses rideaux de pourpre que pour éclairer vos pas solitaires, et non point pour vous pénétrer d'une innocente et naïve admiration. Votre vue dédaignerait presque le tableau si varié, si riche, si merveilleux de la création en vain déployée devant vous. La nuit ne vient que pour vous donner le signal d'allumer la lampe studieuse qui doit vous aider à prolonger vos veilles précoces. Les fleurs sont sans parfums pour vous; pour vous les nuages n'ont point de rêveries : la poésie elle-même, cette fille aimable du ciel, ne peut doucement vous distraire dans les heures silencieuses que vous consacrez à l'étude.

« Je veux essayer, mon fils, de guérir en vous une si triste maladie, état fâcheux de l'âme, qui intervertit les saisons de la vie, et place l'hiver dans un printemps privé de fleurs. »

L'Homme sans nom est un régicide que le remords a frappé, et qui a fait de sa vie une expiation, d'abord sombre et amère, puis attendrie et relevée par la religion. Malgré la juste sévérité que doit inspirer à jamais une condamnation qui ne peut être défendue ni au point de vue de la légalité, ni au point de vue de la justice, nous avons quelque peine aujourd'hui à nous placer dans la situation d'âme où était M. Ballanche quand il écrivit *l'Homme sans nom*. L'enthousiasme électrique de 1814 ne vient pas de passer sur nous. La révolution est devenue de l'histoire ; nous avons tous connu des régicides, nous les avons rencontrés dans les salons et les académies. La condamnation inique de Louis XVI, considérée par un de ses juges comme un crime inexpiable, peut sembler un mythe. C'en était un, en effet, pour M. Ballanche ; et dans ce fait particulier que lui fournissait le grand drame de notre révolution, drame dont toutes les passions et les émotions venaient de se ranimer, il avait placé, peut-être un peu près de nous, ses idées sur l'expiation et l'épreuve. Ce n'est donc point le mérite d'une exacte réalité qu'il faut chercher dans *l'Homme sans nom*. Cependant il y a, ce me semble, une profonde vérité dans le récit de ce vote échappé à une faible nature sous l'impression magnétique produite sur elle dans une nuit fatale par la physionomie et le regard de la formidable assemblée :

« Enfin, le moment de voter arriva. Mes oreilles entendirent des accents inouïs qui troublaient l'affreuse monotonie d'un murmure d'effroi ; elles entendirent des discours sans suite, expressions sacriléges qui planaient avec terreur sur tous, blasphèmes confus qui me glaçaient d'épouvante. J'étais résolu, oui, j'étais résolu de m'absoudre moi-même en prononçant l'absolution de l'innocent. Je cherchais d'avance à compter les voix, à les deviner, à interroger jusqu'au trouble des consciences; ce sentiment sympathique et contagieux qui vient se saisir d'une multitude assemblée, qui se réfléchit de tous sur chacun, restait impénétrable pour moi, et je ne pouvais rien prévoir. J'espérais cependant que, soit justice de la part des uns, soit pitié de la part des autres, le grand parricide ne s'achèverait pas.

« Déjà plusieurs votes avaient été émis, et ces votes divers me faisaient passer par toutes les incertitudes les plus cruelles, par toutes les alternatives de l'abattement et de la douleur. Je les notais avec angoisse dans ma mémoire. Celui dont un sort cruel appela le nom immédiatement avant le mien prononça d'une voix assurée l'arrêt de mort. Des murmures d'une exécrable approbation l'accompagnèrent lorsqu'il descendit de la tribune; des murmures de menace me suivirent lorsque je me présentai pour y monter. J'y arrive en frémissant. Je sentis comme mille poignards à la fois tous les yeux qui furent spontanément fixés sur les miens : cette multitude de regards inquiets et inexorables ainsi concentrés exercèrent aussitôt sur mon âme une puissance surnaturelle de trouble et de fascination que je ne puis expliquer. Autour de moi rien ne m'encourageait, et tout au contraire m'épouvantait. Aucun cœur ne semblait vouloir me répondre. Je me trouvais seul comme un homme suspendu sur le penchant d'un abîme, et privé de tout secours. Livré à l'abandon le plus absolu, je ne sais quel attrait du crime, je ne sais quel goût du remords et du désespoir vint saisir avec des bras de fer une pauvre créature délaissée. Eh Dieu ! je crois qu'en ce moment funeste une parole inconnue, une parole qui n'était pas la mienne, vint se placer sur mes lèvres iniques. Que ne m'est-il permis d'en douter? Mais je l'ai entendue aussi distinctement que le vote de celui qui m'avait précédé; je l'ai entendue comme une voix étrangère qui mentait à ma pensée, qui immolait ce que j'avais de plus cher en moi. D'ailleurs, n'ai-je pas vu, malgré tout le désordre de mes sens, cette joie atroce et convulsive, ce mépris insultant, qui se manifestèrent sitôt qu'on eut acquis une voix sur laquelle on ne comptait point? »

Mais revenons à l'*Essai sur les institutions sociales* et à la partie littéraire de cet essai. Certes, M. Ballanche ne méconnaissait point le génie de l'antiquité, génie dont il savait si bien s'inspirer, lui qui disait de la civilisation poétique des Hellènes :

« Leurs législateurs furent des poëtes et des musiciens ; leurs prêtres et leurs sages furent des poëtes encore. Les poëtes conduisaient aux combats et chantaient la gloire des héros après la victoire. Les palmes des jeux olympiques étaient égales aux trophées de la gloire. La liberté n'était autre chose que la jouissance des arts. Jamais la beauté n'eut un culte plus solennel. C'était donc à la Grèce qu'il appartenait de donner le code des lois qui régissent encore l'empire de l'imagination. Les peuples, les institutions, les monuments, tout a péri; et ce code immortel subsiste toujours. Une voix mélodieuse semble sortir continuellement de tous ces débris, et donner le prestige d'une existence nouvelle à tant de créations du génie. Ainsi le phénix se compose un bûcher symbolique de mille plantes odorantes, expire au milieu des flammes et des parfums, et renaît de ses poétiques cendres pour recommencer sa vie merveilleuse. »

Il avait un vif sentiment de la poésie grecque, celui qui écrivait sur Pindare le morceau si gracieux qu'on va lire, et dans lequel un instinct sympathique lui révélait ce qu'en Allemagne la science a enseigné aux plus récents commentateurs du poëte thébain, savoir que l'obscurité prétendue de la poésie pindarique tient en grande partie à des allusions parfaitement saisissables par les contemporains, et qui nous échappent aujourd'hui.

« Lisez Pindare, même dans la langue harmonieuse qui lui inspira ses beaux vers ; vous n'aurez rien fait encore, si vous n'êtes pas entré dans le génie de cette inspiration. Ne souriez pas à ces généalogies de héros et de coursiers, car votre pitié accuserait votre ignorance. Laissez-vous entraîner aux digressions du poëte, pour témoigner que vous vous êtes identifié avec les imaginations vives et mobiles des peuples de la Grèce. Apprenez à secouer le joug des transitions, puisqu'il s'agit des mouvements impétueux de l'âme, et non point d'un discours mesuré de la raison. Ne vous plaignez pas de ce que votre oreille entend d'autres récits que ceux auxquels vous aviez peut-être quelque droit de vous attendre. Vous n'êtes point trompé : on vous avait promis de l'or, et c'est de l'or que l'on vous donne. Ayez vécu au milieu de ces mœurs si différentes des nôtres, et assisté à ces festins de rois, d'écuyers et d'athlètes, soyez-vous enfin rendu familière l'histoire domestique de ces temps : alors toutes les allusions seront vivantes, et vous saurez que Pindare n'est pas seulement le chantre de la gloire, mais le chantre de l'ivresse même de la gloire. »

Mais M. Ballanche, ce disciple, et par la beauté du style, la pureté et la sérénité de l'imagination, ce continuateur de l'antiquité, n'en était pas moins, en littérature, un novateur assez décidé. Et même, il faut le dire, il avait pris tellement à cœur les théories et les promesses de l'école nouvelle qu'il allait jusqu'à l'injustice pour notre littérature classique. Chez un écrivain si pur, cette licence d'opinion n'est qu'un piquant contraste. Si, dans les pages qui suivent, quelques-uns trouvent que M. Ballanche fait un peu trop bon marché des ressources et même des productions poétiques de notre langue, il faut se rappeler qu'il a bien réparé de légères exagérations en écrivant dans cette langue avec une perfection qui le réfutait. Il n'est pas donné à tout le monde de faire de ces inconséquences-là :

« La langue française, qui est tout analytique, ne laisse point assez incertaines les limites de l'expression. Elle est à la fois noble, élégante et positive. Positive, elle est plus utile à l'intelligence qu'à l'imagination ; élégante, elle reconnaît pour législateur le goût plus que le génie ; noble, mais dédaigneuse, si elle sait rendre l'expression des sentiments généreux et élevés, elle se refuse peut-être à la naïveté sublime. Inhabile à s'élever comme à s'abaisser, elle reste dans une région modeste. Son caractère propre est cette médiocrité d'or, conseillée par les poëtes et les moralistes. L'harmonie de la langue française est une certaine délicatesse de sons, un nombre convenu. La versification française, toute seule, n'est point la poésie : une périphrase, le mérite de la difficulté vaincue, ne constituèrent jamais l'essence de la poésie. Le genre qu'on a voulu décorer du nom de poésie française n'est qu'une langue ornée, plus exclusive, qui est loin d'embrasser toute la langue poétique.

Ce genre renferme des choses qui ne sont ni prose, ni poésie, un vain bruit pour l'oreille, qui ne peut ni transmettre un sentiment, ni faire naître une idée. Michel-Ange, aveugle, cherchait à s'exalter en venant toucher le torse qu'il ne pouvait plus voir : qu'eût dit à ses mains inspirées le plus bel ouvrage d'orfévrerie? »

On trouvera cette part faite à la langue françasie un peu modeste ; il est vrai qu'à ce jugement il y a un correctif :

« Je ne sais, mais il me semble que cette langue était tenue en réserve pour cette époque-ci, l'âge de la lettre fixe, de l'émancipation de la pensée. Il est possible que cette époque-ci eût été devancée si nous eussions conservé notre langue sans la modifier contre la force des choses. Nous n'avons pas pu la priver de son caractère d'universalité, parce qu'il lui a été imprimé par Dieu même.

« La langue française est éminemment aristocratique, c'est-à-dire à l'usage des classes cultivées par l'éducation. C'est la langue du *tu* et du *vous*, c'est-à-dire la langue des bienséances et des hiérarchies sociales.

« Ainsi nous serions portés à voir une grande vue de la Providence dans le soin qu'elle a pris de placer le principe conservateur de l'ordre dans les mœurs et dans la langue du peuple qui doit régir l'âge actuel des sociétés européennes. »

Il y a bien dans tout cela des points contestables ; mais ce qu'on ne contestera pas, c'est qu'il y a beaucoup de choses spirituellement pensées et finement dites.

Si ces considérations sur la langue peuvent sembler un peu hardies, les jugements sur la littérature française le sont bien davantage. L'expression semble animée par la vivacité de la polémique. Il faut se souvenir par quels arguments mesquins on soutenait alors certaines doctrines étroites que personne ne défend plus.

Cette exagération de la résistance avait jeté dans une autre exagération beaucoup de bons esprits qui se sont modérés depuis. C'est sous l'impulsion de cet élan un peu impétueux, qui nous emportait tous alors plus ou moins, que M. Ballanche a écrit les pages suivantes, auxquelles on ne refusera pas le mérite de la verve, de l'indépendance et de l'originalité.

« Notre littérature a vieilli comme nos

souvenirs : on n'ose pas encore l'avouer.

« Tout s'est écroulé autour du trône de la littérature et des arts : ce trône seul ne peut pas rester debout parmi tant de ruines ; il faut qu'il s'écroule à son tour.

« Le génie romantique et le génie pittoresque sont deux frères qui viennent succéder au génie statuaire et au génie classique, vieux monarques dont nous devons encore honorer les cendres augustes quoique nous ne vivions plus sous leurs lois. La soumission au joug classique fut longtemps une soumisson volontaire et qui par conséquent ne gênait point la liberté. L'esprit humain, toujours indépendant, ne veut plus de ce joug, qui fut de son choix, et qui maintenant ne pourrait dégénérer qu'en une servile imitation.

« En un mot, le génie classique est usé comme toutes les autres traditions. Il a jeté dans l'empire de l'imagination toutes les idées et tous les sentiments qu'il devait y jeter. Sa mission est accomplie.

« Je ne conçois point ce choix arbitraire et raisonné dans nos anciennes illusions : les unes sont impitoyablement condamnées, et l'on voudrait continuer d'accueillir encore les autres, pendant que toutes se tiennent, que toutes sont en harmonie entre elles, que toutes doivent tomber ou subsister.

« Nous luttons, en ce moment-ci, de toutes nos forces, contre l'invasion de la littérature romantique, mais les efforts mêmes que nous faisons prouvent toute la puissance de cette littérature. Bientôt peut-être, en France comme en Italie, car les États d'au-delà des Alpes participent au même mouvement, bientôt la littérature classique ne sera plus que de l'archéologie.

« Voyez comme nous avons besoin déjà de nous transporter au temps où notre littérature classique et nationale a paru tout à coup avec tant d'éclat, si nous voulons l'apprécier et la sentir, du moins en partie. Nos habitudes, nos mœurs, notre goût, notre existence, tout est changé. Certaines idées qui furent vulgaires et triviales ne sont plus comprises. Je ne parle point ici de ces idées fugitives et délicates qui tiennent seulement aux usages du monde, à une élégance convenue; ces idées, tout en nuances, sont, par leur nature même, mobiles et passagères. Je parle de ces idées fondamentales qui sont comme le pivot sur lequel toutes les autres roulent, de ces idées centrales vers lesquelles toutes les autres gravitent, enfin de ces idées fécondes qui engendrent toutes les autres. C'est une dynastie qui a fini de régner. »

Enfin le morceau suivant est comme le résumé de toutes les hardiesses de M. Ballanche à l'égard de la société ancienne et de la littérature qui a été l'expression de cette société. Les personnifiant toutes deux dans leur plus grand représentant, c'est Bossuet lui-même sur lequel il prononce, au point de vue de notre âge, un jugement plein d'admiration, mais plein d'indépendance.

« A quoi serviraient, en effet, de timides ménagements ? Pour introduire de suite le lecteur dans le sens intime d'une pareille discussion, je vais le mettre aux prises avec le plus grand nom des lettres françaises, avec Bossuet : encore ne prendrons-nous pas Bossuet tout entier. Nous n'arrêterons nos regards que sur les *Oraisons funèbres* et sur l'*Histoire universelle*. Cette économie des desseins de la Providence, dévoilée avec la prévision d'un prophète ; cette pensée divine gouvernant les hommes depuis le commencement jusqu'à la fin ; toutes les annales des peuples, renfermées dans le cadre magnifique d'une imposante unité; ces royaumes de la terre, qui relèvent de Dieu; ces trônes des rois, qui ne sont que de la poussière; et ensuite ces grandes vicissitudes dans les rangs les plus élevés de la société; ces leçons terribles données aux nations et aux chefs des nations; ces royales douleurs; ces gémissements dans les palais des maîtres du monde; ces derniers soupirs de héros, plus grands sur le lit de mort du chrétien qu'au milieu des triomphes du champ de bataille; enfin l'illustre orateur, interprète de tant d'éclatantes misères, osant parler de ses propres amertumes, osant montrer ses cheveux blancs, signe vénérable d'une longue carrière honorée par de si nobles travaux, et laissant tomber du haut de la chaire de vérité des larmes plus éloquentes encore que ses discours : tel est le Bossuet de nos habitudes classiques, de notre admiration traditionnelle. Mais je demande si déjà nous n'avons pas besoin de nous rappeler la personne même de Bossuet, et l'assemblée imposante devant laquelle il parlait, et l'autorité de sa parole, fortifiée par le caractère auguste dont il était revêtu, et l'empire irrésistible de doctrines non contestées, et toutes les gloires et toutes les renommées de cette époque si brillante, et tous les souvenirs de la vieille monarchie, pour sentir les éminentes beautés de l'oraison funèbre du Grand Condé. Mais je demande si le discours sur l'histoire universelle est maintenant autre chose, pour un grand nombre, qu'une magnifique conception littéraire, une sorte d'épopée qui embrasse tous les temps et tous les lieux, et dont la fable, prise dans de vastes croyances, est une des plus belles données de l'esprit humain. »

« ...... Sans doute, dans tous les ouvrages de Bossuet, l'esprit resterait étonné par un style vif, énergique et pittoresque; par la grandeur des images et la hardiesse des figures; par ce quelque chose de rude et de heurté d'un fier génie pour qui la faible langue des hommes est une condescendance de la pensée, car le feu de sa pensée à lui s'allume dans une sphère plus élevée. Mais, je le demande encore, désaccoutumés que nous sommes de la forte nourriture des livres saints, pourrions-nous remarquer dans ce dernier Père de l'Eglise sa merveilleuse facilité à s'approprier les textes sacrés et à les fondre tout à fait dans son discours, qui n'en éprouve aucune espèce de trouble, tant il paraît dominé par la même inspiration?

« Plus d'un lecteur hésitera sans doute à admettre la rigoureuse vérité; et moi-même qui viens éclairer sur de tels résultats, moi-même je recule devant l'incroyable entraînement de mes propres méditations. Oui, continuant de m'associer aux idées du temps, aux pensées des hommes qui vivent en ce moment, aux nouveaux errements de la société; oui, je trouve dans Bossuet je ne sais quoi de plus vieux que l'antiquité, je ne sais quoi de trop imposant pour nos imaginations qui ne veulent plus de joug. Il est devenu comme le contemporain de ces textes sacrés qui se mêlent à ses paroles d'une manière à la fois si audacieuse et si naturelle. Ne dirait-on pas que notre langue, remuée par lui avec tant de puissance, est ensuite demeurée immobile ainsi qu'un géant endormi? Ne sent-on pas qu'elle ne reprendra plus ces attitudes si naïvement majestueuses qui lui furent données par le prophète des temps modernes? Oui, encore une fois, il me semble voir Bossuet s'enfoncer avec Isaïe et Jérémie dans la nuit des traditions antiques, et le voile de l'inusité commencer à tomber sur sa grande stature. »

Il y a, ce me semble, dans ces belles et fortes paroles comme un retentissement de la parole de Bossuet lui-même.

Dans ses idées sur la rénovation littéraire, conséquence nécessaire, selon lui, de la rénovation sociale, M. Ballanche alla jusqu'à porter la main sur l'arche sainte des études classiques.

« Il est impossible de se le dissimuler plus longtemps, les études littéraires doivent prendre une direction nouvelle, être assises sur d'autres fondements. Lorsque Charlemagne, dans son immense pensée, imposait à l'Europe l'ordre social qui vient de finir, il donnait pour base à l'instruction publique l'enseignement du grec et du latin. Depuis, le latin a toujours dominé dans nos études ; et c'est à cette cause, sans doute, que nous devons cet humble sentiment de nous-mêmes qui nous a portés à nous contenter d'une littérature d'imitation. La langue latine n'a plus rien à nous apprendre ; tous les sentiments moraux qu'elle devait nous transmettre sont acclimatés dans notre langue ; elle n'a plus de pensée nouvelle à nous révéler. Horace et Virgile sont pour nous comme Racine et Boileau. Ainsi les auteurs latins ne doivent plus être qu'une belle et agréable lecture, un noble délassement, et non point l'objet de longues et pénibles études. Bannissons donc dès à présent le latin de la première éducation : les trésors de cette langue seront bien vite ouverts au jeune homme, à l'instant où il quittera les bancs de l'école. Il reste encore des choses à deviner dans Homère, dans Eschyle, dans Platon ; mais le grec lui-même sera bien vite épuisé, bientôt il ne contiendra plus de mystère à deviner. Alors il faudra l'abandonner aussi ; car il est inutile de donner à l'homme le lait de l'enfant. Le grec, à son tour, sera facilement pénétré par le jeune homme studieux, à l'âge où il pourra de lui-même achever la culture de ses facultés. Le temps est venu de commencer à introduire dans les premiers rudiments de l'éducation l'étude des langues orientales, de se former de nouvelles traditions littéraires. »

En demandant, peut-être prématurément, que de nouvelles études littéraires entrassent dans le cercle des études traditionnelles, M. Ballanche ne méconnaissait point la beauté des chefs-d'œuvre de notre littérature. Et comment eût-il pu la méconnaître ? c'eût été de l'injustice pour lui-même ; mais il entendait seulement qu'une nouvelle littérature devait naître avec la société nouvelle ; c'est à ce point de vue qu'il disait :

« La poésie doit remonter à son berceau, elle doit revenir sur ce qu'elle fut à l'origine. N'imitons point les anciens, mais faisons comme eux. Souvenons-nous que cette race éclatante des Homérides a cessé de régner sur nous, et qu'une nouvelle dynastie va se placer sur le trône de l'imagination, qui est vacant : le sceptre de Boileau est brisé à jamais. »

On ne saurait nier qu'il ne fût très-raisonnable de proclamer que l'empire de la mythologie dans la littérature moderne avait cessé :

« Lorsque le Labarum parut dans le ciel, n'entendit-on pas une voix qui sortait du Capitole, et qui disait : « Les dieux s'en vont ? » Les dieux s'étaient enfuis, mais leurs images étaient restées. Maintenant une autre voix retentit dans le monde littéraire : Les images des dieux s'en vont. »

M. Ballanche résumait sa condamnation de l'emploi de la mythologie dans la littérature moderne par cette phrase gracieuse et toute empreinte du sentiment de cette antiquité qu'il repoussait :

« Jupiter n'a plus de foudre ; et la ceinture de Vénus doit rester dans les vers d'Homère, pour les embellir à jamais. »

Certes, sans méconnaître les grandeurs du siècle de Louis XIV, on pouvait exprimer le regret suivant :

« Nous devons regretter sans doute que nous ayions été si peu habiles à user des trésors de poésie qui nous étaient offerts, à toutes les époques de notre existence sociale. Nous nous sommes dépouillés nous-mêmes de notre propre héritage. Ainsi les antiquités juives, les antiquités chrétiennes, nos temps héroïques modernes, c'est-à-dire ceux de la chevalerie, les sombres et sauvages traditions de nos aïeux les Gaulois ou les Francs, nous avons tout abandonné pour les riantes créations de la Grèce. L'architecture nous a donné le style gothique ; mais les terribles inondations des Sarrazins et des hommes du Nord, mais les croisades n'ont pu féconder notre imagination.

La voix de nos troubadours et de nos trouvères a été étouffée par les chants de l'Aonie. Ce jour religieux qui éclairait nos vieilles basiliques ne nous a point inspiré des hymnes solennels. Nous avons refusé d'interroger nos âges fabuleux, et les tombeaux de nos ancêtres ne nous ont rien appris. »

En même temps M. Ballanche ne méconnaissait point ce qu'en dépit de l'imitation systématique des anciens le génie de nos grands écrivains a introduit d'originalité dans cette imitation même.

« Qu'il me soit permis de faire observer combien est fausse l'accusation qu'on nous a faite si souvent de ne point avoir de littérature nationale. Notre littérature fut tellement nationale qu'elle commence à nous échapper depuis que nous commençons à cesser d'être la même nation. »

M. Ballanche se trompait-il quand il déclarait que la mission de la critique avait changé, qu'elle devait s'arrêter moins à la forme, aller plus au fond des ouvrages et chercher surtout à lire dans les écrivains la pensée de leur siècle ?

« Nous devons renoncer désormais à cette

critique verbale qui n'entre point dans le fond des choses, qui s'attache surtout aux formes du style, à l'économie d'une composition, à l'observance de certaines règles, à la comparaison superstitieuse avec les modèles, sorte de critique secondaire dont M. de La Harpe est souvent un modèle si parfait. Maintenant cette critique nous a appris tout ce qu'elle pouvait nous apprendre. Il s'agit de pénétrer le sens intime de tant de belles et de nobles conceptions de l'esprit humain. Les mots ne doivent plus nous inquiéter; c'est la pensée elle-même qu'il faut atteindre. »

Il nous semble que M. Ballanche avait parfaitement raison à une époque où il y avait quelque mérite à avoir raison ainsi. C'est ce que ne peut contester du moins un de ceux qui, marchant selon ses forces dans la voie si glorieusement ouverte par M. Villemain, a toujours tenté de faire prévaloir la critique des idées sur la critique des mots.

Enfin ne montrait-il pas qu'il comprenait toute la grandeur de cette haute critique appelée par ses vœux lorsqu'il parlait de la poésie en ces termes :

« On s'est imaginé que l'homme créait la

poésie : la poésie consiste à dire des faits ou des doctrines poétiques par eux-mêmes. Un homme de talent, quel que soit d'ailleurs son talent, ne peut rendre poétique une chose qui ne l'est pas, une chose qui n'est pas déjà de la poésie. La poésie est une langue, et non point une forme d'une langue; la poésie est universelle et non point locale : c'est la parole vivante du genre humain. »

La religion a toujours admirablement inspiré M. Ballanche. Nul n'en a parlé avec un sentiment plus élevé et plus intime ; on en jugera parce qu'il dit dans les *Institutions sociales* sur la nécessité de séparer l'intérêt religieux des intérêts politiques, sur les croisades, sur la papauté au moyen âge :

« Ne défendons plus la religion sous le rapport de l'utilité dont elle est, soit à l'homme, soit à la société ; c'est un vrai blasphème qui a été trop souvent reproduit. Ne demandons point pour elle l'appui des institutions politiques ; ce serait avoir des doutes impies sur sa stabilité. N'exigeons point non plus qu'elle vienne au secours de ces institutions, parce que nous pourrions l'accuser de leur chute lorsque le moment de la caducité serait venu.

Le mouvement des esprits, qui est l'opinion, peut soulever la société, mais il faut que la religion reste immobile comme Dieu même.

« Je ne reviendrai pas non plus sur l'oiseuse question des croisades. Dites-moi combien de temps le genre humain s'est reposé dans la paix ! Nommez-moi le siècle où le sang n'ait pas arrosé des champs de bataille ! Laissez donc à la guerre ou de nobles causes ou du moins de généreux prétextes. Les vieillards de Troie ne pouvaient trouver mauvais que les peuples se fussent armés pour la querelle de la beauté, et Homère faisait sortir de cette pensée une poésie tout entière. C'est bien une autre poésie qui est renfermée dans le motif des croisades ! Il s'agissait de délivrer un tombeau, le tombeau de celui qui racheta la nature humaine, le seul tombeau qui n'aura rien à rendre à la fin des temps, pour me servir d'une belle expression de M. de Chateaubriand.

« J'avouerai, si l'on veut, que la triple tiare a souvent abusé de ses hautes prérogatives ; car, pour elle aussi, il a fallu que l'abus prouvât la liberté. Dans un temps où les princes de la terre avaient sur les peuples des droits dont les limites étaient inconnues, était-ce donc un si grand malheur que les rois eussent au-dessus d'eux une puissance mystérieuse qui venait les épouvanter et leur annoncer les oracles de la justice éternelle ; une puissance qui venait leur dire : Ce sceptre que vous tenez de Dieu, Dieu peut vous l'enlever ; ce glaive que vous portez à votre côté peut être réduit en poussière par le glaive de la parole? N'avons-nous pas vu naguère, au moment où tous les souverains de l'Europe tremblaient devant le nouvel Attila, n'avons-nous pas vu le vieillard du Capitole lancer l'anathème des anciens jours sur une tête qu'aucune foudre n'avait pu encore atteindre? Cet anathème n'est-il pas venu troubler, dans l'orgueil de ses pensées, l'heureux soldat, au moment même où il remportait la dernière de ses victoires ? »

Celui qui sentait si bien la majesté du catholicisme n'avait pas une intelligence moins vive des questions du présent, du rôle auquel le commerce et l'industrie sont appelés désormais, du rapport des métropoles et des colonies dans l'avenir.

« Le commerce et l'industrie ont été des moyens d'affranchissement. C'est par là que les esclaves de Rome avaient la perspective de la liberté. Les peuples ont été de même. La guerre civilisait ; le commerce affranchissait. La puissance affranchissante, c'est-à-dire le commerce, reste seule avec une mission. L'épée du guerrier, si elle n'est pas employée à protéger, doit être brisée maintenant. »

« L'ancienne jurisprudence donnait droit de vie et de mort aux pères sur leurs enfants, et, comme tout marche en même temps, l'ancien droit public donnait la même latitude de pouvoir aux métropoles sur les colonies. Les républiques de la Grèce ne manquèrent jamais d'user de ce droit terrible ; elles exterminaient leurs colonies indociles. A mesure que les droits des pères ont été restreints, les droits des métropoles l'ont été aussi. Maintenant, il ne faut pas s'y tromper, l'émancipation des colonies doit suivre la règle de l'émancipation des enfants. Dès qu'un fils est chef de famille, il est soustrait à la puissance paternelle. L'Europe luttera en vain contre l'ascendant d'un tel principe : elle doit renoncer à retenir ses colonies dans les liens d'une obéissance filiale, qui serait regardée comme une servitude. »

Quelques pensées détachées de l'*Essai sur les Institutions sociales* achèveront de faire apprécier ce curieux livre, où un mouvement d'esprit singulièrement libre et animé va de la politique à la littérature, de l'histoire à la religion, et sème à chaque pas les aperçus originaux et les expressions heureuses.

« L'éloquence n'est pas seulement dans l'orateur qui parle; elle est aussi dans ceux qui écoutent. »

« Je suis resté dans le monde littéraire et dans le monde politique l'homme des sentiments anciens, qui juge et apprécie les faits de la société nouvelle. »

« Ne dirait-on pas qu'il y a des dynasties dans le monde intellectuel et dans celui de l'imagination, aussi bien que dans le gouvernement des sociétés humaines? Voyez, en effet, cette nombreuse postérité qui doit en quelque sorte le jour à Homère, et qui a régné trois mille ans sur notre poésie : dites-moi comment tous ces nombreux descendants d'Aristote ont conservé l'empire de la philosophie pendant tant de siècles. Ne pourrait-on pas faire un arbre généalogique de toutes les races poétiques ou intellectuelles qui ont mené le genre humain ? »

« De chaque chose, de chaque état de choses, il sort une révélation. Le spectacle de la nature est une immense machine pour les pensées de l'homme. Les propriétés des êtres, les instincts des animaux, le spectacle de l'univers, tout est voile à soulever, tout est symbole à deviner, tout contient des vérités à entrevoir, car la claire vue n'est pas de ce monde. Ce grand luxe de la création, cet appareil de corps célestes semés dans l'espace comme une éclatante poussière, tout cela n'est pas trop pour l'homme, parce que l'homme est un être libre et intelligent, parce que l'homme est un être immortel. »

« L'homme ne vit pas avec autant d'intensité dans le temps qu'on le pense. Tantôt c'est à sa gloire future qu'il sacrifie son repos actuel, tantôt c'est à sa patrie, tantôt c'est à ses enfants, tantôt, enfin, c'est à une félicité dont les trésors ne peuvent s'ouvrir pour lui qu'au delà du tombeau. L'infini est toujours au fond de son cœur. »

―――――

« L'esprit humain forme comme un vaste firmament éclairé de toutes parts d'étoiles de différentes grandeurs. »

―――――

« L'homme ne sait bien que ce qu'il peut communiquer aux autres. »

―――――

« L'homme sera toujours à lui seul un fonds inépuisable : la nature peut être mieux connue, mais les sentiments de l'homme seront toujours immenses et sans limites. Les Muses dédaigneuses de la Grèce ne voulaient s'occuper que de royales douleurs, d'éclatants revers. Le système de l'égalité va s'introduire, à son tour, dans la région de la poésie et des arts. Les larmes de l'homme obscur exciteront aussi nos larmes ; et déjà la Bible et l'Evangile nous avaient appris à compatir à tous. »

―――――

« Dire que l'homme a pu inventer la parole

et créer les langues est une haute folie, si ce n'est une impiété. »

« Le sacrifice de l'amour ne peut être ni un symbole ni une commémoration ; c'est le grand mystère de la parole. Une parole, mais c'est la parole même de Dieu, une parole rend la victime présente pour être immolée de nouveau. Ce pain est de la chair, ce vin est du sang, la chair et le sang de la victime auguste. Cela est ainsi, parce que la parole a ainsi prononcé ; *car,* comme a dit admirablement Bossuet, *c'est la même parole qui a fait le ciel et la terre.* »

« Le mérite de cette vie est de prédire l'autre. »

« Dans tous les temps, sans doute, l'homme a enfanté des pensées vaines et gratuitement angoisseuses ; mais elles mouraient dans l'imagination qui les avait conçues, dans le cœur qui les avait nourries. L'imprimerie est venue tirer de leur solitude ces pensées oiseuses : nul alors n'a voulu perdre le fruit amer de son propre tourment; il fallait être **Pascal** pour se réjouir de sa pensée oubliée. »

« Lorsque la poésie française a voulu s'exprimer en prose, elle a dû affecter l'imitation de la langue grecque; lorsqu'elle a voulu s'exprimer en vers, elle a dû affecter l'imitation de la langue latine. Ainsi Horace, Virgile, Boileau et Racine sont, en quelque sorte, contemporains, et parlent presque la même langue. Les rapports ne sont pas aussi frappants pour la poésie dans la prose française, mais ils n'en existent pas moins, et il me serait facile de citer des exemples qui ne laisseraient aucun doute à cet égard. »

« Ce qu'on sait le mieux, c'est ce que l'on devine. »

« Les voix qui crient dans le désert finissent toujours par remplir le monde. »

« L'écriture manque de pudeur parce qu'elle

peut se produire en l'absence de celui qui la fit. Elle choisit son temps pour paraître, et, si cela lui convient, pour se réfugier ensuite dans l'ombre comme une courtisane. De même que son père n'est pas là pour la défendre lorsqu'elle est attaquée ou insultée sans raison, de même aussi, lorsque l'on a de justes reproches à lui adresser, son père n'est pas là pour rougir. Jamais Catulle, jamais Pétrone n'auraient songé à offenser l'honnêteté publique, s'ils eussent dû vaincre la pudeur des oreilles pour confier leurs ouvrages à la mémoire des hommes. Sans le triple rideau de l'écriture, de l'imprimerie, de l'anonyme, Voltaire, sans doute, eût été chaste et sérieux comme les poëtes antiques, comme les premiers philosophes, comme Homère et comme Pythagore. S'il eût dû lire à la France assemblée, dans de nouveaux jeux olympiques, tout ce qu'il a écrit sur l'histoire, il n'aurait pas si souvent désolé la raison. Ainsi, outre que l'écriture manque de pudeur, elle est indiscrète et téméraire. Les hommes isolés peuvent obéir à mille mauvais penchants ; réunis, une *révérentielle* honte, comme disait Montaigne, vient les saisir, tant il est vrai que Dieu a placé un instinct moral dans la société. L'homme tout seul peut bien avoir des sentiments nobles et généreux, puisqu'il y a des vertus obscures, des sacrifices ignorés ; mais comment l'homme aurait-il conçu de tels sentiments s'il n'eût pas vécu avec ses semblables ? La langue parlée est donc plus pure et plus réservée en toutes choses que la langue écrite, à cause de l'intensité du sentiment social lui-même, qui est comme la source et l'occasion de tous les autres. »

———

« La paresse est la passion dominante de l'homme : s'il travaille, c'est pour parvenir au repos. Mais le travail lui a été imposé, et il n'y a pour lui de repos que dans la mort. Il lutte contre la société comme il lutte contre la nature, car sa vie est une vie de combat dans tous les modes de son existence.

« Si l'homme défriche une terre nouvelle que le fer n'ait pas encore déchirée, il sort de ces pénibles sillons une exhalaison mortelle : il faut que la terre s'accoutume à la charrue, tant la nature est rebelle à l'homme.

« Si l'homme laisse envahir son domaine par la solitude, la nature reprend ses premiers droits, et l'homme est de nouveau frappé par la mort. Les envahissements de la solitude sont remarquables à Rome. Ce qui se passe là, sous nos yeux, est la preuve écrite de ce qui se passe partout dans toutes les circonstances analogues.

« Selon que vous dépouillerez une colline de ses arbres, ou que vous y ferez croître une forêt, vous priverez un terrain de la rosée du ciel, ou vous ferez couler du rocher aride d'abondantes eaux. Il dépend donc de l'homme de changer jusqu'à la constitution atmosphérique u lieu où il s'établit. Les météores lui obéisent en quelque sorte, et le plus terrible de tous vient mourir à ses pieds.

« Lorsque le Nil était contenu dans des canaux et dans de vastes bassins, il distribuait la fécondité parmi les peuples, et l'Egypte était couverte de villes immenses. Les ruines de Palmyre ne sont-elles pas cachées dans la solitude? Je demanderai si Zénobie fit élever tant de magnifiques monuments parmi des monceaux de sable, jouet des vents? Sa ville, dont le nom se trouve une seule fois dans l'histoire, s'appelait-elle la ville des Palmiers ou la Reine du désert? Si l'industrieux Batave cesse un instant de réparer les digues qu'il sut élever à force de courage et d'art, bientôt la mer retombera de tout son poids, et les villes ne seront plus que d'affreux récifs ou des phares pour les navigateurs. Croyez-vous que les flots de l'Adriatique respecteraient longtemps les pointes de rochers où furent d'abord assises de misérables huttes de pêcheurs, et qui devinrent la superbe Venise? Il est très-probable que les travaux d'Hercule ne sont autre chose qu'une allégorie des travaux de l'homme pour assainir et féconder la terre, car la terre ne se laisse pas cultiver comme on le croit : elle commence par résister avec violence, elle cède avec déplaisir, et même avec douleur; elle reprend ses droits avec un empressement terrible. Les anciens, qui avaient mis en symboles toutes les puissances de la nature, n'avaient pas manqué d'établir des divinités conservatrices des lieux. Sitôt que l'homme voulut attenter à la paix profonde dont jouissaient ces divinités sauvages, elles s'élevèrent avec fureur contre l'audace de l'homme. Le chêne criait sous la cognée, et le sillon produisait des semences de mort.

« Ainsi l'homme fait en quelque sorte le

climat et le sol ; il les fait, les perpétue, les modifie ; mais sitôt qu'il s'arrête, l'invincible nature reprend ses droits. Le marais impur croupit dans les fontaines de marbre ; le lierre s'élance autour des colonnes de porphyre, l'herbe croît sur les parvis des temples et sous les portiques des palais. Tyr n'est plus qu'un cadavre jeté sur le rivage de la mer. »

« Ce qui arrive au sol, lorsqu'il cesse d'être travaillé par l'homme social, arrive à l'homme lui-même lorsqu'il fuit la société pour la solitude : les ronces croissent dans son cœur désert. »

V

Second voyage à Rome. — Formule générale de l'histoire de tous les peuples appliquée à l'histoire du peuple romain. — Virginie.

En 1824 M. Ballanche revit Rome ; il y retournait avec celle qu'à une autre époque il était allé y chercher, et j'eus le bonheur d'être admis à faire avec lui ce voyage. Cette fois il n'apportait pas seulement, comme la première, une exaltation religieuse et tendre ; il apportait tout un ensemble de pensées et de vues originales sur la destinée du peuple romain, symbole de la destinée universelle des sociétés. L'émancipation successive du plébéianisme initié graduellement par le patriciat était pour lui la loi suprême des sociétés humaines. Cette émancipation laborieuse, cette douloureuse initiation se rattachaient à ses idées sur la déchéance et la réhabilitation du genre humain, sur la solidarité primitive des individus, dérivant de l'unité humaine sur les conquêtes progressives de la conscience et de la personnalité de l'être humain. Or, où M. Ballanche eût-il pu trouver écrite avec plus de grandeur que dans l'histoire romaine l'histoire du plébéianisme et du patriciat?... Aussi l'ouvrage qu'il préparait sur les diverses phases de la vie politique de Rome devait s'appeler *Formule générale* de l'histoire de tous les peuples *appliquée au peuple romain.* Cet ouvrage n'a point été terminé; quelques fragments seuls ont paru. Le plus important est celui qui se rapporte à l'histoire de Virginie; dans ce fragment il est impossible de ne pas être frappé de l'énergie avec laquelle M. Ballanche exprime et la conviction profonde que les patriciens ont de leur droit antique, de leur puissance primordiale et sacrée, et la conscience ardente des droits nouveaux qui pénètre dans le cœur des plébéiens. Ce n'était pas chez lui seulement une vue historique, c'était un sentiment intime, profond, dont le spectacle du présent nourrissait la sympathique intensité. Le passé et le présent, les doctrines de l'ancienne société avec leur obstination majestueuse et insensée, luttant contre les croyances de la société nouvelle avec leur irrésistible puissance ; tel était le drame social que beaucoup n'apercevaient pas alors, quoiqu'il se jouât à la face du soleil sur le théâtre du monde, et dont M. Ballanche ressentait toutes les émotions au plus intime de son être. C'était ce drame vivant autour de lui, agitant sans relâche son âme et sa pensée, dont il suivait les différents actes à travers les révolutions de la société romaine. Il voyait dans chacune de ces révolutions un pas vers l'émancipation des plébéiens, la conquête d'un des droits de l'humanité.

On conçoit avec de telles pensées ce que dut être pour lui Rome, Rome dont les ruines et l'horizon formaient le cadre magnifique de sa formule générale de l'histoire du genre humain ; de quel œil il regardait le forum, théâtre orageux des luttes du plébéianisme ; le mont Aventin, son refuge sacré ; le Palatin, son premier asile.

Peut-être était-il nécessaire de rappeler de quel point de vue M. Ballanche envisageait l'histoire romaine, avant de citer quelques fragments de ce qui a paru de la formule générale.

Virginie ou *le Mont Sacré* est un épisode de l'histoire du peuple romain envisagé dans le développement de sa destinée, type de la destinée universelle des peuples. Dans la mort de Virginie M. Ballanche voyait une nouvelle conquête des plébéiens, la conquête de la pudeur, la conquête des noces solennelles réservées jusqu'alors aux seuls patriciens. La première sécession avait produit la liberté personnelle ; la mort de Virginie devait fonder la liberté civile.

Il ne faut point s'attendre à trouver ici le lieu commun consacré d'un coupable amour. Appius Claudius n'est pas un juge corrompu : c'est un patricien inflexible ; il veut maintenir le droit suprême du patron sur sa cliente ; il s'indigne qu'une fille sans nom ait été vue se rendant aux écoles accompagnée de sa nourrice comme *une fille qui aurait des aïeux.*

« Écoutez le cri patricien, dit M. Ballanche. La jeune fille est née dans la maison d'un maître ; qu'elle rentre sous la garde des dieux domestiques ; le seuil du patron doit être pour elle le seuil de la patrie. Là elle doit connaître toute la doctrine qui lui convient. »

D'autre part, celui qui passe pour le père de Virginie, car il n'y a pas encore pour les plébéiens de paternité légale, a été élevé au grade de centurion ; ainsi l'émancipation de la plèbe romaine commence à se manifester au grand scandale des orgueilleux patriciens par la communication de la science et par la participation au commandement. Mais il faut que cette émancipation se consomme ;

il faut que l'initiation s'accomplisse, et, comme toujours, au prix du sang.

On entrevoit déjà comment M. Ballanche a envisagé dans ce récit symbolique la mort ou plutôt l'immolation de Virginie. Continuons.

« La jeune fille citée devant le tribunal du juge sévère comparaît accompagnée de sa nourrice et de quelques femmes timides, plébéiennes comme l'accusée ; toutes sont éplorées, toutes ont un maintien suppliant ; la foule rassemblée verse des larmes abondantes.

« Appius Claudius, renfermant sa propre émotion, se montre plus inflexible, plus inexorable qu'il ne l'est en effet. Un nuage de tristesse et d'ennui couvre son front et tempère le feu de son regard. »

C'est que le décemvir lui-même, dans la donnée tout idéale de l'auteur, n'est pas un homme pervers ; il n'est pas même entièrement insensible au charme modeste de la jeune fille ; mais la tradition patricienne, incarnée en lui, le pétrifie.

Le patron de Virginie montre aussi toute la bonté qu'il peut montrer à celle qui n'est que la fille sans nom de son client. M. Ballanche admettait la moralité du patricien comme celle du client ; il reconnaissait chez tous deux un droit d'exister, l'un à l'état de résistance, l'autre à l'état de progrès; sa doctrine n'avait besoin de supposer nulle part la perversité, que son âme ne savait pas comprendre.

Le patricien, qui a été obligé de réclamer son autorité méconnue, rigide à regret, explique avec une sorte d'hésitation le mal dont il se plaint, et qui, dans ce moment, est le mal de la cité romaine tout entière. Il parle en ces termes :

« Je dois commencer par dire que cette
« jeune fille est irréprochable. C'est une douce
« et pacifique créature, qui répand le calme
« autour d'elle, qui est le charme du foyer do-
« mestique. Elle a cru que, reconnaissant pour
« père un centurion de l'armée, elle pourrait
« s'avancer dans la hiérarchie de l'intelligence,
« à l'égal du grade obtenu par son père, soldat
« si vaillant. Le mal donc est d'avoir souffert
« une école plébéienne au milieu de nous. »

« Le mal sera arrêté à sa source, dit le dé-
« cemvir ; que chaque patron fasse rentrer ses
« clients sous le joug de l'antique discipline ! »

« Puis s'adressant à la jeune fille, il lui dit :
« Je ne veux point t'effrayer, je veux seule-
« ment t'apprendre ton devoir, et te l'appren-
« dre devant tous, afin que tous profitent d'une

« leçon qui pourrait devenir un ordre rigou-
« reux. Écoute, ma fille, car, en ce moment,
« je tiens la place de ton patron, ton nom
« même t'enseigne ta condition obscure, su-
« bordonnée, sans droit. Ton nom, dis-moi,
« n'est-il pas dérivé de celui de ton patron? Tu
« tiens de lui et ton nom et le pain dont tu te
« nourris. »

« Suffoquée de sanglots, la jeune fille ré-
« pond: Ai-je donc jamais manqué au respect
« que je dois à mon vénérable patron? Mais le
« père que les dieux m'ont donné est un vail-
« lant soldat; vous le savez, il a reçu le prix
« de la valeur. Ne dois-je pas aussi honorer
« mon père? Apprendre à louer les dieux en
« paroles harmonieuses, pourrait-ce être un
« crime pour sa fille? »

« Jeune fille, reprend le décemvir, celui que
« tu dis ton père, sans doute est le père que
« t'a donné la nature; chose insuffisante, puis-
« que lui-même n'a pu te revêtir d'un nom.
« Mais voici le père que t'ont donné les saintes
« lois de Rome; c'est lui qui t'a nommée. Non,
« ce n'est pas un crime d'apprendre à louer
« les dieux immortels; toutefois, il faut bien
« que tu le saches, tu appartiens à une race

« sans culte et sans dieux, car elle est inha-
« bile à toute religion qui lui soit propre. »

« A ces mots un long murmure éclate comme un orage lointain. »

« Le décemvir, pour étouffer le murmure, s'écrie en s'adressant à tous : « Ceci n'est-il pas
« la vérité même ? Les patriciens ont-ils jamais
« accordé aux plébéiens la participation à la
« chose sacrée ? Dès lors les plébéiens en sont
« privés, puisqu'ils ne peuvent l'avoir par leur
« propre vertu. »

« La jeune fille avait mis sa tête dans ses mains, pour cacher ses larmes : « Race sans
« culte et sans dieux ! » disait-elle à voix basse.
« Fils et filles sans pères ! » ajoutait-elle, toujours à voix basse. « Est-ce ainsi qu'est la con-
« dition plébéienne dans sa cruelle réalité ?
« Et cependant ne sais-je pas admirer et ai-
« mer ? Il y a là un terrible mystère ! »

Enfin Appius prononce l'arrêt, la jeune fille doit être livrée à son patron, qui est son père légal ; il n'y a pas d'autre père pour la plébéienne.

« La jeune fille tombe évanouie sur le sein de sa nourrice. Le réseau qui retenait sa belle chevelure se détache, et les flots de sa belle chevelure, en inondant son visage, le cachent à moitié.

« Un cri d'effroi se fait entendre. Les femmes poussent de plaintives clameurs.

« Les licteurs s'approchent avec respect pour saisir la jeune fille. La multitude les écarte sans violence ; elle entraîne la vierge innocente en l'encourageant, et surtout en prenant garde de ne pas froisser ses pudiques vêtements.

« Malgré l'agitation de la multitude, un cercle qu'on eût dit tracé par une puissance invisible laisse toujours isolées la jeune fille et sa nourrice. Elles sont là comme un groupe merveilleux que tous admirent, que nul n'ose approcher. La jeune fille se réveille de son évanouissement. Elle lève la tête de dessus le sein de sa nourrice. Ses regards errent timidement autour d'elle, et semblent interroger la multitude tout à coup apaisée. Tous contemplent avec une sorte de calme religieux le pudique étonnement de la jeune fille appuyée sur sa nourrice. »

Le lendemain Virginius, averti secrètement, est revenu de l'armée ; il vient au pied du tribunal du décemvir réclamer sa fille. La foule, à qui un sentiment sympathique révèle que cette cause est la sienne, la foule entoure le centurion et Virginie, mais à distance pour ne pas troubler leur entretien. Alors commence entre le père et la fille un entretien à voix basse fort extraordinaire.

« Écoute, dit Virginius ; le jour est venu de
« nous soustraire à l'antique anathème. Parmi
« les dieux des patriciens, il en est qui nous
« sont inconnus. Ce sont des dieux cruels qui
« réclament une victime. » — « Vous l'aurez,
« cette victime ! » ajouta-t-il les yeux baignés de larmes amères et la voix étouffée par ses sanglots. La jeune fille ne comprenait point les sinistres paroles de son père. Elle entoure de ses bras innocents le cou du vaillant soldat, dont elle croit que le courage est sur le point de faillir, et lui parle en ces mots : « Ah ! ne
« souffrez pas qu'on me sépare de vous, ô mon
« père ! Veuillez rester mon appui ! ne me
« quittez plus ! O mon père, soyez toujours
« mon père respecté ! Soyez mes dieux, ma
« gloire et mon amour ! »

Alors Virginius, plébéien aussi inflexible que le patricien Appius Claudius, Virginius explique à sa fille qu'il n'y a pour la plèbe ni mariage ni famille.

« Nous ne pouvons prétendre, lui dit-il, à
« des mariages consacrés par la renommée,
« qui seule fait la famille; voilà pourquoi le
« nom cher et sacré que ton amour me donne
« m'est contesté. Icilius t'est promis en ma-
« riage, et la même condition vous sera impo-
« sée. Le mariage ne pourra être pour vous la
« communication des choses divines et hu-
« maines; bannis de la science et de la gloire
« des noces solennelles, vous ne pourrez être
« que des époux obscurs dans l'enceinte du
« contubernium sous la loi ignominieuse d'un
« patron. Vois si cette destinée te convient? »

Si l'on s'est transporté dans la sphère idéale et symbolique où M. Ballanche s'est placé, on comprendra que le Virginius qu'il a conçu ajoute :

« Il faut mourir....

« — Hélas! hélas! dit la vierge innocente,
« eh quoi! mourir, mourir si jeune! Mon œil
« s'est à peine abreuvé de la lumière du jour;
« à peine ai-je respiré le doux parfum de la
« vie. Le patron qui me réclame me réclame-
« t-il pour me faire mourir?

« — Ni le décemvir ni le patron ne veulent
« te faire mourir, répond le centurion; mais ils

7.

« veulent perpétuer l'opprobre de ce qu'ils ap-
« pellent une race sans culte et sans dieux.

« — Qui donc me donnera la mort? » dit la
jeune fille. Le père infortuné répond : « Celui
« qui t'a donné cette vie d'opprobre saura te
« donner une mort glorieuse.

« — Vous, mon père! dit la jeune fille avec
« terreur. Ah! laissez-moi mourir de douleur,
« mon père, laissez-moi mourir de douleur! »

Ce cri pathétique et d'autres paroles non moins
touchantes de Virginie montrent que M. Ballanche
aurait pu traiter son sujet à un point de vue purement dramatique et réel; mais tel n'était pas son
but : il voulait mettre en action l'idée qu'il se faisait de l'initiation sanglante aux droits des noces
légitimes par la mort d'une vierge innocente. Il
eût pu rester dans la région de la réalité historique,
mais il ne l'a point voulu ; il a voulu placer dans la
région idéale de la poésie la manifestation, non pas
de la *réalité*, mais de la *vérité* historique telle qu'il la
concevait, telle qu'elle s'était révélée à lui dans la
contemplation des destinées générales du genre
humain.

Entrons dans cette donnée qui appartient tout
ensemble à la philosophie et à la poésie de l'histoire, et nous comprendrons comment Virginius,

devenu un personnage symbolique, devenu le représentant de l'initiation universelle, pourra s'écrier :

« La mort, ô ma fille, ne t'affranchira pas
« seule : elle brisera la barrière qui nous sé-
« pare de l'humanité. »

Et comment la jeune fille, par une soudaine illumination de l'avenir, fruit mystérieux de l'épreuve, pourra s'écrier : « Eh bien, j'accepte la mort ! » Devenue ainsi une victime pour ainsi dire prophétique de l'affranchissement des plébéiens, de l'initiation aux droits de la famille et à la liberté civile, Virginie pourra faire entendre ce chant que ne répétèrent jamais les rudes échos du Forum romain, mais qui jaillit mélodieusement d'une âme éclairée par la vision des destinées progressives de la société humaine :

« Compagnes de mon enfance, celle d'entre
« nous qui, la première, devait détacher de
« l'arbre sacré le rameau d'or de l'initiation,
« il fallait qu'elle fût condamnée à mourir !
« Jeunes filles, mes compagnes, votre desti-
« née cessera d'être obscure ; ma mort va
« vous doter d'une destinée éclatante ! Au prix
« de la vie, je vous laisse le rameau d'or de
« l'initiation ! »

« J'aime Icilius ; mais Icilius ne pouvait être
« mon époux, et je meurs. Je meurs pour ne
« plus devoir le feu et l'eau à un patron ! Ah !
« mes paroles ne prononceront point d'ana-
« thème ! Mes paroles veulent rester inno-
« centes comme le fut ma vie. Je meurs vierge
« et sans tache, et je vais dans un lieu où
« toutes les cordes de la lyre rendront des
« sons harmonieux sous mes doigts. Doux éclat
« du jour, adieu ! Adieu, riantes prairies où
« j'égarai mes pas ! Murs sacrés de Rome,
« colline auguste et funeste du Capitole,
« adieu ! »

Enfin le dernier acte de la tragédie domestique, transformé ici en un drame social, s'accomplit :

« Le centurion, qui était venu sans armes, parce qu'il s'était furtivement échappé du camp, le centurion mesure d'un œil inquiet et farouche la distance qui le sépare de la boutique d'un boucher. Il aperçoit sur l'étal un couteau brillant qui servait à égorger les douces brebis ou les jeunes génisses. Il s'en approche, tenant toujours sa fille reposée sur un de ses bras. Il saisit le couteau, et plonge la lame tout entière dans le sein de la vierge

-infortunée. La victime innocente s'agite faiblement sur le bras de son père, incline sa tête mourante sur l'épaule de celui qui lui donna la vie et qui lui donne la mort, et, sans proférer aucune plainte, s'endort comme doucement bercée par les paroles harmonieuses qu'elle vient de faire entendre. La nourrice éplorée accourt, et reçoit dans ses bras la jeune fille qui n'est plus.

« Le père malheureux retire le couteau de l'horrible blessure, et, le montrant avec fureur au décemvir, il dit d'une voix concentrée : « Suis-je père enfin ? » Puis il s'écrie : « Ma « fille a refusé de prononcer l'anathème, c'est « moi qui le prononcerai ! Anathème donc à « des lois odieuses ! »

« — Anathème à des lois odieuses ! » crie en frémissant la multitude.

C'est ainsi que M. Ballanche interprétait par sa théorie historique et traduisait en belle poésie les événements tant de fois racontés et par lui devenus nouveaux de l'histoire romaine.

Cette fois encore, je ne puis me résoudre à écarter une allusion personnelle ; car il m'est trop doux et trop glorieux de trouver mon nom mêlé au souvenir des applaudissements dont les nombreux auditeurs de l'Athénée de Marseille saluèrent en 1830 la lecture de Virginie; d'ailleurs c'est mon père que je vais citer. On m'excusera de ne pas séparer l'expression de son amitié pour M. Ballanche de l'expression de sa tendresse pour moi. Voici ce que mon père écrivait à son ami le 1er mars 1830 :

« Cher bon ami, je suis ici depuis avant-hier au
« soir auprès de mon fils; hier je l'entendis pro-
« fesser pour la première fois, et tu sens quel plai-
« sir j'eus à le voir applaudi par six cents audi-
« teurs; je fus bien content de sa leçon. Ce n'est
« pas lui que j'entendrai samedi; ce sera toi par
« sa bouche. »

Je lus en effet *Virginie* à mon intelligent et chaleureux auditoire. Dans cette assemblée, composée surtout de femmes et de jeunes gens, une vive sympathie fut témoignée à la vierge innocente, acceptant la mort de la main d'un père pour conquérir à ses compagnes plus heureuses la sainteté des noces et la dignité du bonheur conjugal et domestique.

Naples, la grande Grèce, la Sicile étaient aussi bien que Rome des noms qui remuaient chez M. Ballanche toutes les puissances de la contemplation historique. Je l'ai vu comme enivré du sentiment de la beauté en présence de l'enchanteresse Parthénope; mais Naples était surtout pour lui la patrie de Vico, ce génie que le sien avait deviné et presque découvert à une époque où il était peu connu parmi nous. Une lettre écrite de Naples à Mme Récamier fera juger des pensées qu'éveillaient en lui ces régions aussi intéressantes pour l'histoire que chères à la poésie.

« Je ne sais si vous vous attendiez à des récits de notre voyage, si vous comptiez sur mes impressions, pour me servir de l'expression consacrée. Je suis un pauvre faiseur de récits. Je regarde sans appuyer le regard, sans chercher à me rendre compte à moi-même. Les impressions que je reçois s'associent toujours aux sentiments que j'ai déjà, aux pensées qui sont en moi, et ne peuvent se détacher pour être dites. Ces ruines, ces paysages et cette mer et ce ciel deviennent de la philosophie, une sorte de poésie : c'est la voix du passé, c'est la voix de l'avenir. Avec l'aspect de Venise, j'ai fait l'Égypte ; avec l'aspect de Cumes, je ferai les antres de la Samothrace. Ce que je vois ici, ce que j'ai vu ailleurs, ce que je sais, ce que je devine, c'est toujours l'ensemble et la suite des destinées humaines. Herculanum et Pompéïa ont été détruites par le volcan ; Cumes, par un tremblement de terre ; Pœstum, par les Sarrazins; et l'*aria cattiva* poursuit les restes de ces populations, échappées à trois fléaux si différents. Comment décrire des colonnes et des paysages? »

5 février 1824.

VI

Orphée.

L'*Orphée* de M. Ballanche appartient à la fois à l'épopée par la forme, et, par le fonds des idées, à la philosophie de l'histoire. N'ayant point entrepris l'exposition de cette philosophie, nous nous bornerons à citer la page suivante de M. de Loménie (1); elle suffira pour indiquer dans quel ordre d'idées se meut la composition épique de M. Ballanche.

« *Orphée*, c'est l'histoire des temps antérieurs à

---

[1] *Galerie des Contemporains illustres*, notice sur *M. Ballanche.*

l'histoire. Armé de la philosophie ingénieuse et subtile de Vico, et possédant de plus que lui l'imagination vive et le style imagé d'un artiste, M. Ballanche pénètre dans la nuit des siècles, et recompose à son gré des annales perdues. Nous sommes à la limite des temps héroïques; l'expédition des Argonautes vient d'être terminée; Hercule est mort, Troie a succombé, et, pendant qu'Enée dirige la proue de ses vaisseaux vers le Latium, le vieil Evandre, roi pasteur, écoute, sur la colline qui sera l'Aventin, les récits de Thamyris. Ce chantre inspiré, aveugle ainsi qu'Homère, et voyageur comme lui, raconte les travaux pacifiques d'Orphée, le législateur, le civilisateur de la Thrace, le précurseur d'un monde nouveau. L'humanité déchue va toucher à son premier degré de réhabilitation; elle va entrer en possession de la conscience; les Titans, les Cyclopes, les Centaures ont disparu; l'immobile Orient va faire place à l'Occident progressif; l'homme se détache du tout panthéistique; le patriciat romain va surgir, le plébéianisme se dressera bientôt à côté de lui, et leur lutte féconde préparera l'émancipation du genre humain. C'est Orphée qui est le promoteur de cet immense mouvement social; c'est lui qui a reçu mission d'initier la race humaine à de plus belles destinées et de clore l'ère des traditions antiques dont la muette Egypte est restée dépositaire. Aux accents de sa lyre, l'art de Triptolème est répandu parmi les hommes, les forêts tombent sous la cognée, les animaux sont soumis au joug, la propriété naît, l'union conjugale est instituée, les sociétés se reforment, et le genre humain se rapproche d'un degré de l'état antérieur à la chute. Quand sa mission est finie, Orphée subit sur la montagne de Dia une sorte de transfiguration. En proie au délire prophétique, il chante la ruine du patriciat qui s'élève, l'avénement du plébéianisme qui n'est point encore né; une lueur lointaine effleure son regard mourant, il entrevoit le christianisme et il disparaît dans un nuage. »

Quelques lignes de l'auteur lui-même achèveront de donner une idée du but qu'il s'est proposé en écrivant *Orphée :*

« *Orphée,* tel que je l'ai conçu, n'est ni un personnage mythologique, ni un personnage historique ; c'est le nom donné à une tradition, à un ordre de choses; peu importe donc la question de son existence.

« Si j'ai dû désespérer d'atteindre à l'intimité de la science, j'ai été loin de renoncer à l'espoir de pénétrer dans l'intimité des choses. Je n'ai point cherché à restituer des monuments d'histoire ou de poésie d'après des médailles effacées, d'après des ruines de ruines; d'après des conjectures ou des documents incertains; j'ai évoqué directement l'esprit des traditions anciennes, et je me suis familiarisé quelques instants avec cette sorte de vie nécromancienne.

« Qu'il me soit permis d'affirmer que l'inspiration à laquelle j'obéis est plus près des inspirations primitives que celle de Virgile; oui, j'ai plus que Virgile, incomparablement plus, le sentiment de ces choses que j'oserais appeler divines; car enfin il ne faut pas craindre de manifester sa propre justification, lorsqu'on est entré dans la voie difficile où je me trouve engagé. Et qui croirait en moi, si je n'y croyais pas moi-même? Virgile fut atteint par les philosophies douteuses et incrédules de son temps, et jamais aucune de mes convictions intimes n'a été ébranlée. Dieu sans doute voulait quelque chose de moi!

« Je ne sais, mais il me semble quelquefois que l'antiquité tout entière m'apparaisse comme un songe infini, formé de mille réminiscences. »

Le lecteur doit entrevoir déjà la grandeur philosophique donnée par M. Ballanche au sujet d'*Orphée*; s'il veut connaître toute la pensée de l'auteur, c'est dans l'ouvrage lui-même qu'il doit l'aller chercher, mais nous avons pensé qu'on pouvait détacher du poëme quelques morceaux propres à faire apprécier les grandes qualités du style et de l'imagination de M. Ballanche. Voici d'abord, comme prélude, quelques accents gracieux dérobés aux entretiens d'Orphée et d'Eurydice.

« Lorsque Orphée et Eurydice étaient seuls, ils s'entretenaient de la vertu et de la poésie. Orphée parlait de la beauté, qui est elle-même une poésie tout entière. Eurydice disait le bonheur, pour un être faible, de s'appuyer sur un être revêtu de force et de bonté. Elle demandait au fils de la lyre le récit de ses aventures, qui étaient de véritables symboles, et elle les lui faisait raconter de nouveau quand il avait fini. Les siennes à elle n'étaient ni longues ni variées. Elles s'étaient toujours passées autour d'un rosier ou sur les bords d'une fontaine. Tous les événements de sa vie étaient la naissance d'une fleur, ou le chant d'un oiseau, ou les gracieuses allures de sa biche favorite. Il aimait à l'entendre parler de ses rêveries et du jour où, pour la première fois, il parut devant elle au sein de la tempête. Il souriait toujours de nouveau en apprenant combien une telle apparition avait ému le cœur de la nymphe charmante, combien elle avait désiré se trouver à ses côtés, car elle ne croyait pas qu'un être si calme et si beau dût périr ; et cependant l'inquiétude la troublait dans tout son être. Il l'écoutait avec ravissement. »

Et n'est-ce pas avec un charme infini qu'on écoute cette parole harmonieuse modulant des accents purs comme les sentiments qu'ils expriment ? Dans l'épisode suivant on verra la grâce alliée à une grandeur mélancolique. Cet épisode d'Orphée, c'est l'histoire de la sybille de l'ancien monde, sybille, qui, selon M. Ballanche lui-même, représente *tout l'ordre de choses qu'Orphée est venu abolir.*

« La sybille, comme il a dit ailleurs, a son existence liée à une forme de civilisation. Lorsque cette forme doit périr, le sens prophétique abandonne la sybille, et pour elle le sens prophétique c'est la vie. Elle meurt donc ainsi que le lierre, lorsque l'arbre qui est son appui vient à mourir ; ou plutôt, c'est l'hamadryade dont la vie est celle de l'arbre même. »

On va voir comment M. Ballanche a mis en scène la pathétique rencontre de l'homme qui vient créer le siècle nouveau et de celle qui doit mourir avec l'âge ancien, âge condamné dont elle était comme la voix. La lutte impitoyable du passé et de l'avenir, qui fut toujours présente à M. Ballanche, non-seulement comme une idée profondément conçue, mais encore comme un sentiment intime et douloureux ; cette lutte tragique est au fond du récit qu'on va lire et lui communique un grand caractère de tristesse et de gravité. Mais, indépendamment de toute idée philosophique, le cœur et l'imagination sont vivement saisis par la touchante mort de la sybille infortunée.

Le lieu de la scène est l'île de Samothrace.

« Un jour, à l'heure du soir, le poëte divin errait avec Eurydice sur les bords de cette mer agitée, qui n'était célèbre encore par aucun naufrage. Le temps était calme, la mer entrait dans le majestueux repos de la force indomptable, repos plein de charme et de puissance. Le poëte et sa noble compagne s'assirent sur un rocher que les vagues venaient caresser en murmurant ; quelquefois l'écume blanche s'élevait jusqu'à eux comme en se jouant, et venait légèrement mouiller leurs pieds. Le soleil avait disparu dans les abîmes resplendissants de la mer, une nuit transparente s'avançait en silence sur les flots. Orphée, ému par la solennité d'un tel spectacle, prit sa lyre et chanta. Eurydice, tout occupée des chants inspirés de son glorieux époux, ne vit pas d'abord une apparition qui se montrait, non loin de là, sur une cime la plus escarpée et la plus sauvage de l'île. C'était une femme d'une taille toute divine. Une longue robe blanche, serrée au-dessous du sein par une ceinture bleue que fermait une agrafe d'or, dessinait les contours nobles et gracieux de cette taille surhumaine. Ses cheveux flottaient sur ses épaules, une couronne de chêne entourait son front. Un air mâle, sévère et profondément triste respirait dans tous ses traits. Il eût été impossible d'assigner son âge, car le temps n'avait fait aucun outrage à sa figure imposante, et cependant il était facile de voir que les heures de la jeunesse avaient cessé de verser sur elle leur doux éclat ; ou plutôt elle donnait l'idée d'une beauté immortelle, étrangère à la succession des années. Et pourtant je ne sais quelle douleur immense, qui tempérait sans l'éteindre le feu de ses regards, disait trop qu'elle appartenait par quelques liens à l'humanité. Elle était debout, immobile, un de ses coudes appuyé sur le rocher, et sa tête inclinée reposait sur sa main gauche. Dans cette attitude, elle paraissait respirer de loin les chants d'Orphée, comme on respire un parfum énivrant.

. . . .

« Orphée s'élance de rocher en rocher ; il marche au milieu d'un chaos de ruines entassées. L'apparition s'éloigne à mesure qu'il avance. Enfin elle se glisse au travers des ombres, comme si elle eût été elle-même une ombre, et disparaît dans une grotte profonde. Orphée s'y précipite après elle, et se perd dans les détours d'un vaste et silencieux souterrain, où il n'entend plus d'autre bruit que le retentissement de ses pas. Il est entouré d'épaisses ténèbres, il ne sait comment il retrouvera sa route ; enfin il se met à jouer de sa lyre et à chanter. Lorsqu'il s'arrête, une voix part des profondeurs de la grotte et murmure le long des voûtes du souterrain : cette voix était pleine de douceur et de tristesse, comme seraient les derniers accents de la fille la plus belle d'un héros, qui, toute pleine encore de vie et de jeunesse, lutterait en vain contre une mort lente et douloureuse ; ou plutôt comme serait l'hymne funèbre d'une vierge résignée, douce et tendre victime, dont le sang innocent va tout à l'heure arroser un autel funeste.

« Poëte divin, disait-elle, que veux-tu de
« moi ? Laisse, laisse en repos une sybille in-

« spirée comme toi, mais à qui tu viens ravir
« sa puissance. J'avais reçu le don de l'avenir;
« mais c'est dans un ordre de choses qui finit,
« et le don de l'avenir se retire de moi. »

« Tu seras à peine hors de cette grotte, que
« tout sera fini pour moi, infortunée! Telle est
« la loi de notre nature prophétique, consacrée
« par la plus inviolable virginité, de périr sitôt
« que le sentiment de l'avenir cesse d'habiter
« en nous. C'est là le souffle de notre vie :
« notre âme s'éteint lorsqu'elle est dans les
« ténèbres de la vision pour les choses futures.
« Ma mort sera ignorée, nul ne me pleurera ; je
« n'ai point de famille, je suis seule sur la terre.»

« Adieu; garde le souvenir de la sybille de
« l'ancien monde. »

« Le silence le plus profond suivit des paroles si extraordinaires. Orphée interrogea encore plusieurs fois, et nulle voix ne répondit. Il joua encore de la lyre, et tout resta muet autour de lui. Il entendit seulement un léger bruit, comme est sans doute celui du serpent rajeuni, qui laisse parmi les feuilles desséchées de la forêt l'enveloppe dont il vient de se dépouiller. Le poëte chercha son chemin, et ce ne fut pas sans peine qu'il parvint à sortir de l'antre.

« L'esprit accablé de mille pensées amères, il retourna auprès d'Eurydice, mais il tut la fin de sa vision. »

En admirant ce qui vient d'être cité on ne sera point surpris ; c'est bien là M. Ballanche tel qu'on est accoutumé à le trouver. La mélancolie et la douceur sont des qualités qu'on lui reconnaît. On attend moins de son pinceau des tableaux énergiques et terribles. Croirait-on que cette voix plaintive et mélodieuse eût pu chanter les batailles ? Eh bien, dans *Orphée*, il y a deux récits de combats, qui sont au nombre des morceaux les plus fortement touchés. Je ne sais s'il y a dans la langue française beaucoup de pages plus vigoureuses que celles-là. Au reste cette âme si douce était vaillante et même capable d'une certaine verve belliqueuse dont souriaient parfois ses amis, mais qui leur fait comprendre mieux qu'à d'autres comment le suave écrivain a pu trouver les sanglantes couleurs des deux tableaux de bataille qu'on admire dans *Orphée*.

Il faut se rappeler que ces deux batailles, surtout la première, sont destinées à montrer l'horreur de la condition humaine dans la pure barbarie, avant que la civilisation ait ennobli et un peu adouci la guerre en la disciplinant. La civilisation n'a pas encore paru dans la montagne de la Thrace, et les brutes habitants de ces montagnes combattent leurs ennemis avec tout l'emportement d'une férocité sauvage. Pour rendre ce qu'il y a de formidable dans une pareille lutte, M. Ballanche a trouvé des accents aussi farouches, et, si j'osais le dire, plus primitifs que ceux des Scaldes.

« Nous étions engagés dans la forêt de Do-
« done. Les arbres prophétiques poussaient de
« sinistres gémissements. Les dieux du silence
« et de l'effroi semblaient proférer de mena-
« çantes imprécations. Le fer nous était in-
« connu ; les rochers et les troncs des arbres
« étaient toutes nos armes, et nous n'avions
« d'autres vêtements que les peaux des bêtes
« tuées par nous. Des nuées de vautours éten-
« daient leurs noires ailes sur nos têtes nues ;
« des troupes de loups affamés nous entou-
« raient. Vous eussiez dit le combat des géants,
« ébauches grandes et informes de l'homme,
« et nés spontanément de la terre. Mais voici
« un autre spectacle, spectable épouvantable,
« dont vous ne pouvez vous faire aucune idée.
« Un instinct féroce nous porte à nous servir
« du feu qui venait de nous être révélé. Etait-
« ce pour un tel usage que le sage Titan l'avait
« donné à la race mortelle ? Mais aussi n'était-

« ce pas déjà un acte de l'intelligence humaine,
« encore si grossière? Des brandons jetés par
« nous au milieu de l'antique forêt allument
« tout à coup un vaste incendie. Les loups se
« retirent en hurlant, les vautours épouvantés
« s'enfuient dans leurs aires. Nous restons
« seuls avec notre rage, et lorsque la nuit des-
« cendit sur la terre, nous continuâmes de
« nous écraser à la lueur des flammes. Nos
« femmes, nos enfants, les femmes, les enfants
« de ceux contre qui nous combattions, chas-
« sés de leurs retraites par le feu dévorateur,
« cherchent un refuge au milieu de cette scène
« de désolation, et se précipitent pêle-mêle
« sous les pieds des combattants. »

. . . .

« Le vénérable Œagrius monta sur un char
traîné par de puissants taureaux, qui n'étaient
point encore accoutumés au joug, emblèmes
vivants de ces peuples. Il était assis sur un
char informe, dont le fer presque brut faisait
toute la solidité. Le roi avait une longue lance,
armée d'un fer aigu. Une peau d'ours couvrait
ses larges épaules, et enveloppait ses reins
vigoureux. Sa longue barbe descendait rudement sur sa poitrine velue, siége de la force;

sa chevelure terrible flottait au gré des vents; ses yeux lançaient des éclairs, son sourcil faisait trembler. J'étais assis à ses côtés, et je tenais la lyre d'Orphée. Je n'étais point aveugle, je n'étais point cassé par la vieillesse, mon âge était celui d'une sève ardente et généreuse, et mes yeux, comme ceux de l'aigle s'abreuvant avec joie des rayons du soleil, voyaient jusqu'au bout de l'horizon. De jeunes hommes, forts et nerveux, armés de javelots longs et durcis au feu, tenaient de leurs mains imployables les cornes recourbées des taureaux qui obéissaient avec révolte. Tantôt ils les piquaient de leurs javelots pour les faire avancer; tantôt ils les saisissaient par leurs naseaux fumants pour les contenir.

« La bataille innommée à laquelle j'assistais en frémissant, et qui est restée inconnue aux Muses, cette bataille présentait quelque chose de fantastique et d'affreux. D'un côté, un peuple revêtu d'armes à peine façonnées, agitant des espèces de flèches et de javelots ; de l'autre côté, des hommes demi-nus, les épaules simplement couvertes de peaux de bêtes, sans armes, lançant des blocs de rochers et des arbres déracinés. Je croyais voir une apparition de ces géants farouches dont la mémoire s'est conservée dans les traditions mythiques. La rencontre des deux armées fut comme la rencontre de deux phénomènes épouvantables, de deux trombes inanimées. Le désordre des éléments vint ajouter à l'illusion terrible d'un tel souvenir. La tempête parcourait l'horizon sur son char de feu. Mille tonnerres retentissaient au loin sur le Rhodope et sur l'Hémus. Des nuages noirs d'épouvante semblaient ramper le long de l'Hèbre. Mille fantômes sortaient des vallées silencieuses. Des voix couraient en gémissant; on ne savait si c'étaient les voix des dieux de la peur, ou celles des bêtes affamées. Les cris des barbares dominaient tous ces bruits effroyables. »

Après ces terribles peintures, on se repose avec charme dans l'admiration plus douce qu'inspire l'épisode d'Erigone ; il me semble que nul ne saurait être insensible aux emportements gracieux et au touchant délire de la Ménade :

« Erigone, occupée aux danses religieuses de Bacchus, courait quelquefois avec ses folâtres compagnes, la tête couronnée de pampres verts. Plus souvent on la voyait errer seule, le front chargé d'ennuis, les paupières douce-

ment abaissées sur ses yeux noyés de larmes. Il était facile de connaître qu'un feu secret la consumait. Souvent aussi elle apparaissait tout à coup, échevelée, le sein nu, le thyrse à la main, poussant de plaintives clameurs; de loin sa chatoyante nébride, flottant sur ses belles épaules, la faisait ressembler à un faon effarouché qui fuit les chasseurs. Elle allait dans les forêts et sur les montagnes accuser l'implacable destinée. Ni les danses, ni les chants, ni les jeux des orgies sacrées ne pouvaient tempérer le sentiment de ses maux. « Qu'y a-t-il
« en moi, disait-elle, qui me rend rêveuse et
« insensée? Je me plonge en vain dans l'eau
« des torrents; en vain je fais couler sur moi
« l'onde glacée des fontaines. Je me livre à
« mille emportements; je fais retentir l'air de
« mes cris; je déchire mes pieds délicats en
« courant parmi les forêts les plus sauvages et
« sur les âpres pointes des rochers. Puis sou-
« dainement je retombe affaissée sur moi-même.
« Nulle divinité ne viendra-t-elle à mon se-
« cours? » La vue des jeunes hommes alarmait sa farouche pudeur, et néanmoins elle voulait être remarquée par eux. Les hommages lui plaisaient. Lorsqu'elle traversait la foule, et

que partout sur son passage elle entendait vanter sa beauté, elle était enivrée de ces louanges. Mais rentrée dans la solitude, les louanges n'étaient pour elle qu'un vain bruit.

« Enfin elle vit Orphée. Alors d'autres troubles vinrent augmenter ceux qui déjà habitaient son sein. Elle dédaignait naguère les acclamations des jeunes hommes, elle les méprise à présent. C'était une conquête d'un ordre bien différent qu'elle voulait tenter. Une sorte de vanité s'empare de ses esprits, en même temps que l'admiration. Sa chevelure ne flotte plus en désordre; sa nébride, dépouille éclatante d'un jeune faon, fut retenue sur ses blanches épaules par une agrafe d'or. Une molle langueur tempérait le feu de ses regards. « Si les « yeux du poëte divin pouvaient se reposer « sur moi! disait-elle; lui qui se croit au-dessus « de l'amour, si je pouvais l'assujettir à l'a- « mour! »

« Un jour elle ose s'approcher de cet homme merveilleux. Elle n'avait point de couronne sur la tête, et sa main était désarmée du thyrse. Un voile, parure inaccoutumée de la vierge malheureuse, descendait sur son visage charmant. Ce tissu trop léger pour cacher ses traits,

pour tempérer la flamme de ses regards enivrés, était à la fois un asile pour sa timide pudeur, un attrait de plus pour son incomparable beauté. « Poëte divin, lui dit-elle avec
« égarement, je ne sais quel vertige affaisse
« ma tête. Mille illusions me tourmentent ; la
« raison m'abandonne. Mon sommeil est trou-
« blé par des songes funestes, et ma veille
« elle-même est comme un songe douloureux.
« Sans doute c'est une maladie sacrée que les
« dieux m'ont envoyée. Tous me disent que la
« musique pourrait me guérir, et voilà pour-
« quoi je me mêle à la foule des peuples pour
« entendre tes chants inspirés ; mais ce ne
« sont point de tels chants qui peuvent me
« rendre à la santé et à la vie ; ils sont faits
« pour adoucir les hommes nés du chêne ou
« du rocher ; moi, je n'ai point le caractère
« inflexible de ces hommes, je suis une jeune
« fille qu'une femme sans force a nourrie de
« son lait. Les fantômes de la nuit m'épou-
« vantent, les lassitudes du midi m'accablent,
« le crépuscule du matin m'attriste, et celui
« du soir me plonge dans d'inexprimables an-
« goisses. Aucune heure du jour ne me con-
« vient, aucune heure de la nuit ne me donne

« le repos. Je ne trouve un peu de calme ni
« dans le fond des forêts, ni sur les sommets
« des montagnes, ni sur les bords des fon-
« taines. Les feux du soleil me brûlent, le
« souffle du zéphir ne me rafraîchit point.
« Attendris pour moi les sons de ta lyre, allons
« ensemble dans un lieu écarté. Poëte divin,
« tu chanteras les paroles qui peuvent guérir
« une vierge infortunée. Prends pitié, je t'en
« conjure, prends pitié de la vierge qui va
« mourir si tu ne viens à son secours. »

« Orphée, ému d'une douce compassion, suivit Erigone ; il la suivit dans un lieu écarté de la foule. Elle, exaltée par l'amour, prodiguait aux arbres et aux fontaines des paroles de joie et de tendresse, qui attestaient son égarement, et elle marchait toujours, et elle s'avançait toujours dans la solitude. « Que je suis heureuse !
« disait-elle, quel repos est en moi ! » Orphée était confus et affligé d'un tel délire. Incertain, il ne savait s'il ne devait point abandonner les traces de la ménade ; mais, emporté toujours par la compassion, il continuait de la suivre. Enfin elle s'arrête, et s'adressant au poëte :
« Poëte divin, lui dit-elle, je te remercie ; main-
« tenant que nous sommes dans la solitude.

« fais-moi entendre les accents que tu m'as
« promis. »

Orphée se met à chanter, en s'accompagnant de sa lyre ; il chante les louanges des dieux immortels, la gloire de ces âmes choisies que les dieux ont suscitées pour faire du bien aux hommes. Erigone écouta quelques instants avec calme, puis son agitation recommença.

« Poète incomparable, lui dit-elle, ce ne sont
« point là les chants que je te demande. N'as-
« tu donc point de chant pour apaiser les
« souffrances de l'âme ? N'en as-tu point pour
« affermir la pudeur des vierges ? Chante,
« chante les merveilles de l'amour ! N'est-ce
« pas l'amour qui a tout créé dans le monde ?
« Eh bien, c'est le besoin d'aimer qui tour-
« mente mon cœur. Oui, je veux aimer. Ne
« crois pas que ces hommes du chêne ou du
« rocher, appelés par toi à des lumières si
« nouvelles, puissent me présenter l'époux de
« mon choix. Il me faut un dieu ou un mor-
« tel que le génie égale aux dieux. Ecoute, je
« ne serais pas la première fille de la terre
« que les dieux auraient jugée digne d'attirer
« leur attention. Je suis belle, et nulle n'est

« plus belle que moi. Je sais des danses que
« les divinités elles-mêmes envieraient. Les
« Heures, lorsqu'elles voltigent autour du char
« du soleil en répandant des roses, n'ont pas
« plus de grâce et de légèreté. Tu ne m'as pas
« vue jouant avec les tigres dételés de Bac-
« chus ; ils frémissent sous ma main qui ne
« craint pas de les caresser ; leurs yeux cli-
« gnotants s'allument, mais ils replient sous
« leurs pieds leurs griffes redoutables, et ils
« me suivent avec une merveilleuse docilité.
« Ils obéissent à la cadence de mes pas, au son
« de ma voix, aux signes de ma main, à la
« puissance de mon regard. Je suis belle avec
« ma nébride tachetée de couleurs ondoyantes,
« avec mes cheveux flottants, avec mes atti-
« tudes suaves et variées, et agitant dans les
« airs un thyrse orné de feuillage. Mais per-
« sonne encore n'a connu le fer acéré que dé-
« guisent les rameaux verdoyants de mon
« thyrse ; ma lance est restée innocente comme
« l'ongle aigu de la panthère apprivoisée de
« Bacchus. Orphée, tu m'apprendras les no-
« bles et doux mystères de la lyre, et je ravirai
« ton âme par mes chants, après avoir fait le
« charme de tes yeux par ma présence. Si tu

« es égal aux dieux, fais-moi ton égale. Que ta
« gloire se repose sur moi, et qu'ensuite je
« meure ! »

« Erigone, rougissant d'une douce pudeur,
laisse échapper quelques larmes; puis elle dit
d'une voix émue et tremblante : « Oserai-je,
« poëte divin, te rappeler un souvenir? Dis-
« moi, la renommée a-t-elle menti lorsqu'elle
« nous a parlé d'une femme heureuse entre
« toutes les femmes? d'une femme.... » — « Ah!
« reprit Orphée, ne t'accuse point de réveiller
« un souvenir cher et sacré ; ce souvenir n'est
« jamais absent de mon cœur. Mais apprends
« ceci, Erigone, nymphe dont le sort devrait
« tant exciter l'envie si le bonheur et la gloire
« se mesuraient sur la beauté, apprends ceci:
« Eurydice ne me fut point donnée comme une
« épouse est donnée à son époux. Elle fut ma
« sœur et ma compagne mystique. » — « Eh
« bien! s'écrie Erigone, une telle gloire me
« suffit; qu'elle me soit accordée, et que la
« mort vienne ensuite me frapper! Pourrais-je
« d'ailleurs soutenir le poids d'une si grande
« félicité? Non, non, les facultés du bonheur
« ont des bornes bien plus étroites que les fa-
« cultés de la douleur! Je mourrai donc, mais

« que je meure ton épouse ! » Orphée restait en silence. Erigone était accablée par la multitude de ses pensées et de ses sentiments. « Réponds-
« moi, Orphée, lui dit-elle, veux-tu que je sois
« ta sœur ? veux-tu que je sois ton épouse mys-
« tique ? veux-tu que je sois ton esclave obéis-
« sante, et que je te suive dans tes courses
« aventureuses, comme les tigres de Bacchus
« me suivent lorsque je les tiens en laisse ? Tu
« ne m'enseigneras d'autre science que celle
« de louer les dieux immortels, ou de tendre les
« cordes de ta lyre lorsque tu voudras chan-
« ter. Je me tiendrai, si tu le veux, en silence
« devant toi ; j'obéirai au moindre signe de tes
« yeux. Pour toi, oui, je m'en sentirai la force ;
« pour toi je ferai taire toutes les voix de la na-
« ture. Nul enfant ne s'assiéra sur mes genoux
« et ne m'enchantera de son innocent sourire.
« Que te faut-il de plus ? »

« Alors Orphée, s'inclinant sur la ménade et la contemplant avec une tendresse toute paternelle : « Une seule femme a pu être à la fois
« et ma sœur vénérée et mon épouse mystique.
« Elle a mis en moi des sentiments que les
« dieux voulaient sans doute qui y fussent.
« Elle a donné la vie à mes propres pensées.

« Quand j'ai été ce que je devais être, elle m'a
« été ravie : c'était tout ce qu'il lui était donné
« d'accomplir. Maintenant nulle créature hu-
« maine ne peut rien me révéler. Il faut que
« je vogue seul sur l'océan du monde. Mon
« cœur est un sanctuaire d'où le souvenir
« d'Eurydice ne doit plus sortir pour être
« remplacé par aucune affection qui puisse
« m'en distraire. »

« Erigone, à ces mots, verse un torrent de
larmes, et Orphée, ému d'une magnanime compassion, pleure avec la ménade infortunée.
Puis, d'une voix entrecoupée de sanglots, elle
dit : « Oui, je t'ai compris, je sais ce que fut
« la fille de la vision ; je sais que tu dois en
« conserver religieusement le souvenir. Laisse-
« moi dans ma solitude et dans ma misère.
« Non, Orphée, nul ne dormira sur la couche
« parfumée que je te destinais. Continue, poëte
« divin, de travailler à la pénible tâche que tu
« t'es imposée. Tu ne peux être arrêté dans ta
« carrière glorieuse par une pauvre ménade.
« Ah ! je m'accoutumerai à ma solitude ; ton
« image pourra m'y suivre, puisque aucun
« obstacle terrestre ne sera entre nous. Une
« seule grâce, Orphée, fais-moi entendre les

« chants qui contiennent les leçons de la sa-
« gesse. »

« Enseigne-moi, enseigne-moi l'art de tirer
« des sons de la lyre, afin qu'après ton départ,
« poëte divin, je puisse chercher un adoucisse-
« ment à mes maux, une distraction à ton
« absence. »

« Orphée indécis ne sait s'il doit obtempérer
à ce désir; il se décide à essayer ce que pourra
la communication de la grande doctrine contenue dans la musique. Il place donc la lyre civilisatrice sur les genoux de la belle ménade,
et dispose toute l'attitude de la vierge infortunée avec un soin généreux et paternel. Il lui
enseigne comment ses deux mains doivent être
occupées en même temps, l'une à presser mol-
lement les cordes tendues pendant que l'autre
en détacherait les sons. Il lui apprit la mesure
et l'intervalle de chaque son, et la manière
dont il devait se marier avec la voix. Erigone,
tout à la fois docile et impatiente, arrondissant
ses bras charmants avec une grâce infinie,
semblait caresser l'instrument harmonieux;
elle commença par en tirer des sons isolés, puis
quelques accords timides qui la ravissaient
d'une joie naïve. Alors Orphée se mit à lui en-

seigner les sons religieux qui portent l'âme à la mélancolie, tristesse intime mais non désolée, et qui la font s'élancer dans un autre avenir. « Oui, disait-elle, voici les sons qui sans doute
« réjouissent les ombres heureuses ; Orphée,
« lorsque tu ne seras plus parmi nous, lorsque
« je serai exilée de ta présence, je ne serai
« qu'une ombre, mais je serai une ombre heu-
« reuse. »

« Cependant Orphée partit. Un jour on vit un léger esquif sur la mer orageuse ; on entendait de doux accents : c'était Orphée qui, seul, s'abandonnait à la providence des flots. Les peuples réunis sur la plage poussaient des cris d'admiration. Erigone, assise à l'écart, versait des larmes amères.

« Depuis ce jour, on vit la ménade inconsolable fuir ses compagnes, errer dans la solitude. Quelquefois on l'apercevait tout à coup, légère comme une biche, mais comme une biche blessée, disparaissant au fond des forêts ; quelquefois suspendue sur des abîmes, sautant de rocher en rocher, franchissant les bruyantes cascades ; quelquefois encore elle s'arrêtait au milieu des vastes bruyères pour essayer les chants mélancoliques d'Olen de Lycie, les chants glorieux de Linus, qu'Orphée lui avait enseignés. Elle vantait les charmes et les félicités d'Eurydice. Souvent on l'entendit entonner un hymne à Bacchus, et cet hymne, sur ses lèvres ardentes, devenait un brillant épithalame :

« Triomphateur de l'Inde, Bacchus, divinité
« puissante, viens assister à la noce de ton
« heureuse prêtresse, car tu n'interdis pas
« l'hymen aux ménades. Tes prêtresses ne sont
« pas déshéritées des biens de la vie. Viens
« consoler celles qui sont délaissées ! Viens sur
« ton char attelé de tigres obéissants ; tes tigres
« connaissent ma voix. Je sais presser sur leurs
« langues de feu les grappes vermeilles dont le
« suc les enivre. Viens ! Evohé ! Evohé ! ah !
« que je vive assez pour voir le jour de mon
« bonheur ! »

« Préparez le voile nuptial ! continuait-elle,
« mères augustes ! Jeunes filles, allez dans les
« prairies cueillir les fleurs qui doivent couronner la nouvelle épouse ! Mes maux enfin
« sont finis. Après une nuit douloureuse, oui,
« j'ai entendu, dans mes songes du matin, une
« voix qui me disait : « Eveille-toi, Erigone,
« éveille-toi, ô la plus glorieuse et la plus belle ;

« voici que la barque divine trace un sillon de
« feu sur la mer éblouissante et te ramène ce-
« lui que tu aimes ; toutes les cordes de la lyre
« frémiront sous tes doigts désormais inspirés.
« Eveille-toi ! »

« Puis elle ajoutait avec un sentiment profond de toute espérance déçue : « Hélas ! hélas !
« l'instant si fugitif de la beauté passe ainsi
« qu'une ombre vaine, et déjà ne commence-
« t-elle pas à s'évanouir ? Elle va donc s'étein-
« dre dans la solitude ! »

« Bientôt elle cessa d'éviter la foule des peuples. Elle n'était plus vêtue de la chatoyante nébride, et le pudique péplos cachait en partie sa ravissante figure, dont la douleur n'avait point terni la beauté.

« C'était un spectacle singulier et sinistre de la voir, l'œil égaré, dire les préceptes de la sagesse, revêtus de tout le charme de la poésie ; et elle avait perdu la raison, que nul ne s'en doutait. Elle souffrait des maux inouïs, et elle chantait, en quelque sorte à son insu le plus souvent, des paroles qui avaient un sens très-élevé, souvent aussi des paroles harmonieuses dont le sens était indécis. Elle se croyait un être sacré, parce qu'elle avait été honorée de

l'affection d'un homme tel qu'Orphée. « C'est
« lui qui m'a tout enseigné, disait-elle, et nul
« ne peut comprendre la multitude et la gran-
« deur des choses qu'il m'a enseignées. » La
foule se pressait autour d'elle, et elle disait
encore : « Ne me regardez pas, je suis une
« vierge sainte ; Orphée a pleuré sur moi. » Et
tous, obéissant à la ménade, détournaient leurs
regards où brillaient à la fois l'admiration et la
pitié.

« Cependant Erigone ne put supporter plus
longtemps le poids de la vie. Elle succomba.
Elle succomba comme la fleur chargée de trop
de rosée. Sa mort fut paisible. Elle recouvra
tout à fait sa raison avant de mourir. Elle dit :
« Je vais trouver Eurydice, et j'attendrai au-
« près d'elle le poëte divin dans les bocages de
« l'Elysée. » Son âme se détacha doucement
de son enveloppe mortelle, et la nymphe parut
s'endormir dans les songes du bonheur.

« Les ménades menèrent un grand deuil autour du tombeau de leur belle compagne,
morte à la fleur de ses ans, et frappée d'une
blessure incurable, d'une blessure que tous les
dictames de la terre ne pouvaient apaiser.

« Roi pasteur, j'ai vu et la mort et les funérailles d'Erigone, et le tableau de cette touchante ménade est souvent devant mes yeux. »

Nous terminerons ces citations par la *Mort d'Orphée*. Cette mort est racontée au vieil Évandre sur le Palatin, en présence de cette solitude qui sera Rome, par le poëte Thamyris, qui a longtemps suivi la trace d'Orphée pour recueillir les enseignements laissés par le chantre divin. Enfin il est arrivé près de lui sans le connaître ; le législateur ne s'est révélé qu'au moment d'expirer. Dans les dernières paroles d'Orphée, dans cette vue prophétique, en présence de l'initiation suprême, il y a une sublimité que nous croyons, avec M. Sainte-Beuve, égale aux plus belles épopées modernes. C'est comme une manifestation définitive de la vérité se dévoilant à travers les ténèbres de la tombe au poëte inspiré, qui semble être déjà en possession de l'autre vie et contempler le monde du sein de Dieu.

Quand M. Ballanche lisait ce morceau, il s'identifiait si bien avec le personnage créé par lui que l'exaltation d'Orphée expirant le gagnait; son émotion allait jusqu'aux larmes quand il prononçait ces paroles :

« Rideau brillant des êtres, des éléments, de
« la nature variée et infinie dans son admirable

« variété, tu vas donc enfin te lever devant moi !
« Une lueur lointaine effleure déjà mon regard
« mourant. »

« Tels furent, poursuit Thamyris, les accents de l'inconnu ; et ces accents parlaient à mon âme beaucoup plus qu'à mes sens. Je devinais en quelque sorte, plutôt que je n'entendais, tant était devenue intime la communication entre lui et moi. Ce n'est pas tout, Evandre, la nature entière me paraissait éprouver quelque chose de ce que j'éprouvais moi-même. Il me semblait que j'étais confondu et abîmé dans le sentiment d'une existence universelle dont je faisais partie. C'était comme un frémissement d'attente, comme une participation indicible à je ne sais quelle transformation, qui s'opérait partout en ce moment. Les oiseaux du ciel, les animaux de la terre, les arbres des forêts, les herbes des champs, les météores légers de l'air, tout s'animait à mes yeux de la même pensée, la pensée d'une immense régénération, d'une vaste palingénésie. Toute la chaîne de l'organisation, depuis la pierre brute jusqu'à la plus haute intelligence, était remuée à la fois, et je me sentais entraîné par cette impulsion irrésistible. Le vieillard, qui était devenu semblable à une jeune divinité, m'enveloppait de son regard doux et serein, expression pure d'une substance incorporelle.

« Adieu, Thamyris ! il ne me reste plus qu'à
« accomplir le mystère de ma propre régénéra-
« tion, et il ne doit s'accomplir que dans la so-
« litude. Ainsi que le phénix, je vais me retirer
« à l'écart pour construire mon bûcher de par-
« fums. Nul ne peut m'aider dans ce dernier
« travail, dans cet enfantement sublime et dou-
« loureux de l'âme immortelle.

« Il ajouta, et ce fut le dernier effort de sa voix affaiblie : « Oui, il sera un temps, un lé-
« gislateur viendra, qui donnera les véritables
« lois, les lois indépendantes des temps et des
« lieux, les lois qui survivent aux empires.
« Ce n'est point une prophétie que tu entends,
« Thamyris, c'est la contemplation même de
« l'ordre éternel qui me fait parler. Je ne pré-
« dis pas, je vois.... Tous les peuples ne sont
« plus qu'un peuple.

« Oh ! combien sont beaux les pieds de l'en-
« voyé céleste s'imprimant sur la vile pous-
« sière de notre monde malheureux ! Oh ! com-
« bien sont beaux les pieds du Désiré des nations,
« qui ne dédaigne ni les carrefours des villes,

« ni les chemins des campagnes! Oh! com-
« bien sont beaux les pieds de celui qui ap-
« porte la grande rançon! Hommes de toutes
« les classes, n'en formez qu'une, pour vous
« presser sur les pas de celui qui est le salut
« de tous!....

« Lyre, beauté, grâce, amour, souffle de la
« vie, âme, éclat et baume des fleurs, mélo-
« die de l'air, ombrage sacré des bois, verdure
« calme des prairies, murmure charmant des
« fontaines.... Orages et tempêtes.... Souf-
« frances, plaintes et soupirs.... Cygne éclatant
« de blancheur, colombe gémissante.... Elle
« s'enfuit sur une nuée d'opale et d'azur,
« comme un son détaché de la lyre, comme
« le parfum qu'exhale une fleur.... Nous nous
« jouerons sur la nuée, dans les plaines du
« ciel, parmi les collines de l'éternité.... Nous
« tresserons des guirlandes de fleurs, de fleurs
« immortelles.... Molle clarté des nuits, tu
« n'abaisseras plus ma paupière assoupie....
« Que j'essaie mes ailes d'argent!... Je veux
« me baigner dans des torrents de lumière....
« Douce extase de la mort.... La vie, ombre
« flottante, image passagère.... Je sais!... Dieu
« écarte le voile du temps et des êtres.... »

« Le vieillard, devenu semblable à une jeune divinité, disparut dans un nuage qui couvrit la montagne. A mesure que j'en descendais, un grand bruit se faisait entendre comme celui d'une horrible tempête. Au milieu de toutes les voix de l'orage, on distinguait seulement quelques sons du chant d'Eurydice. Puis un tourbillon de feu vint éclairer rapidement tous les sommets de la montagne, et à la lueur du tourbillon je crus apercevoir, entouré du chœur céleste des Heures, celui que je venais de quitter. Alors je me rappelai ce que m'avait raconté Æagrius d'Orphée apparaissant au sein de la bataille terrible, jeune, beau, calme, vêtu d'une longue robe blanche, et tenant sa lyre à la main. Alors mes souvenirs et l'étonnement où j'étais plongé ne formèrent plus qu'un songe divin. La tempête s'apaisa tout à coup, les éléments rentrèrent dans le repos, l'obscurité couvrit les sommets de la montagne, et bientôt l'on n'entendit plus que les gémissements plaintifs des Oréades. Une multitude était accourue pour être témoin du prodige. Nous sentions une terreur intime, et cette terreur nous avertissait que la mort venait de frapper une grande victime. Nous nous hâtons de nous diriger du côté de l'apparition : nous trouvons le corps du noble étranger, que moi seul pouvais reconnaître, puisque seul j'avais vu s'évanouir en lui toutes les traces de la vieillesse; l'empreinte de l'immortalité, d'une jeunesse éternelle, était sur ce visage auguste. Ses yeux fermés annonçaient les longues méditations d'une vie qui ne doit plus finir, et le calme de ses traits indiquait l'immobilité de ses pensées dépouillées du charme fugitif de la parole.

« Les peuples s'assemblent pour donner la sépulture à l'illustre inconnu et remplir à son égard le dernier devoir de l'hospitalité. Je suis désigné pour mener le deuil, pour veiller aux soins de la cérémonie funèbre. Mais, arrivés sur le lieu même, nous n'avons point de deuil à mener, point de cérémonie funèbre à exercer. Nous trouvons un tombeau magnifique élevé par les Muses au vieillard mystérieux que l'approche de la mort avait revêtu de jeunesse, et que la mort elle-même venait de revêtir d'immortalité. Sur ce tombeau était gravé le nom de l'inconnu, du délaissé, enfin le nom désormais impérissable d'Orphée. Les chastes filles du ciel ont enfermé dans le tombeau du poëte divin sa lyre d'or, qu'il avait reçue, dit-on, de Mercure, et que nul autre ne pouvait manier. Les chastes filles du ciel ont fait entendre d'harmonieux concerts ; mais aucune parole n'est sortie du tombeau, et les chants des Muses n'ont point été recueillis. »

VII

Prolégomènes de Palingénésie sociale.

En arrivant à celui des ouvrages de M. Ballanche qui renferme l'exposition de ses idées, non sous une forme dramatique, comme *Virginie,* ou sous la forme épique, comme *Orphée,* mais sous la forme philosophique, j'éprouve une difficulté nouvelle à remplir le devoir que je me suis imposé envers sa mémoire, celui de donner par des extraits une idée de la beauté et du charme de ses écrits ; ici, il faudrait faire précéder les citations d'un exposé des doctrines de l'auteur. Mais c'est une tâche délicate ; ces doctrines n'ont pas été présentées par lui dans un ordre systématique ; procédant par la synthèse plus que par l'analyse, il manifestait sa pensée, moins suivant les règles de la dialectique que suivant les inspirations de sa haute intelligence. Le titre même de *Prolégomènes* indique assez que dans ce livre il ne croyait pas avoir dit son dernier mot. Sa philosophie devait ressortir de l'ensemble de ses œuvres, et surtout d'une trilogie composée de la *Formule générale,* d'*Orphée* et de *la Ville des expiations.* Le tout devait former comme un code de *Palingénésie sociale.* Par ce mot, qui veut dire *renaissance,* ou plutôt *génération renouvelée,* il désignait la loi de transformation qu'il regardait comme la loi de l'individu et de la société. La plus grande partie de la *Formule générale* et *la Ville des expiations* presque tout entière n'ont point été publiées. *La Ville des expiations* est, dit-on, entièrement terminée ; il est à désirer que ce qu'on pourra retrouver des œuvres inédites de M. Ballanche paraisse par les soins d'amis distingués qui étaient des disciples fidèles. Jusque là, il serait prématuré de vouloir résumer une doctrine dont toutes les parties, liées étroitement, ont besoin l'une de l'autre pour se compléter. En outre, séparer les idées de M. Ballanche de la forme dont les revêtait son beau talent, ce serait risquer d'en altérer l'originalité et d'en amoindrir la grandeur. Enfin je ne me crois

pas assez initié à ces idées pour prendre sur moi
de les exprimer. Ce serait sortir du cadre que je
me suis proposé de remplir. J'ai voulu faire entendre
M. Ballanche et non me faire entendre en son
nom. Je me bornerai donc encore cette fois à détacher
de son œuvre ce qui m'a semblé accessible à
tous et admirable pour tous.

Pour se faire une idée du système auquel se rapportent
les *Prolégomènes*, il faut s'adresser aux
biographes déjà cités ou consulter un brillant travail
de M. de Lavergne, travail qui avait obtenu
l'approbation de M. Ballanche, et surtout le remarquable
résumé des théories religieuses et sociales
de l'auteur de la *Palingénésie*, publié dans un volume
intitulé : *un Automne au bord de la mer*, par
M. Barchou de Penhoën, que ses travaux ont placé
à un si haut rang parmi nos penseurs et nos écrivains.
M. de Barante a exposé avec toute la clarté
de son esprit et toute la finesse de sa parole l'ensemble
des théories historiques de M. Ballanche,
dans un discours prononcé au sein de l'Académie
française, discours sur lequel nous reviendrons.
Ici, je citerai seulement quelques passages des *Prolégomènes*,
dans lesquels l'auteur semble avoir
voulu exposer lui-même avec une grande simplicité
et une grande clarté, sinon les derniers secrets,
au moins les points essentiels et fondamentaux
de sa doctrine.

Mais auparavant il faut transcrire les lignes tracées par lui au fronton du temple ; on verra, par cette poétique dédicace adressée à Mme Récamier, comment ses idées revêtaient la forme de ses sentiments, et comment, nouveau révélateur d'un monde inconnu, Dante de la philosophie, il voulait être accompagné, dans les plus hautes sphères de la contemplation, par celle dont l'âme et les traits avaient inspiré à Canova le type de Béatrix.

« Un artiste entouré d'une grande renommée, un statuaire qui naguère jetait tant d'éclat sur la patrie illustre du Dante, et dont les chefs-d'œuvre de l'antiquité avaient si souvent exalté la gracieuse imagination, un jour, pour la première fois, vit une femme qui fut pour lui comme une vive apparition de Béatrix. Plein de cette émotion religieuse que donne le génie, aussitôt il demande au marbre, toujours docile sous son ciseau, d'exprimer la soudaine inspiration de ce moment; et la Béatrix du Dante passa du vague domaine de la poésie dans le domaine réalisé des arts. Le sentiment qui réside dans cette physionomie harmonieuse maintenant est devenu un type nouveau de beauté pure et virginale, qui à son tour inspire les artistes et les poëtes.

« Cette femme, dont je veux taire ici le nom, que je veux tenir voilée, comme fit le Dante, est douée de toutes les sympathies généreuses de ce temps. Elle a visité, avec le petit nombre, le lieu qu'habitent les intelligences : c'est dans ce lieu de paix immuable, d'inaltérable sécurité, qu'elle a contracté de nobles amitiés, ces amitiés qui ont rempli sa vie, qui, nées sous d'immortels auspices, sont également à l'abri du temps et de la mort, comme de toutes les vicissitudes humaines.

« Je m'adresse donc à celle qui a été vue comme une vive apparition de Béatrix : puisse-t-elle m'encourager de son sourire, de ce sourire sérieux d'amour et de grâce, qui exprime à la fois la confiance et la pitié pour les peines de l'épreuve, pour les ennuis d'un exil qui doit finir ; présage doux et serein, où se lit dès à présent la certitude de nos espérances infinies, la grandeur de nos destinées définitives ! »

Suivons maintenant M. Ballanche dans les routes de la pensée où il va s'engager après avoir salué au départ son gracieux génie.

Pour M. Ballanche, toute vérité était dans le Christianisme ; il a vécu et il est mort dans cette foi ; mais il croyait *à l'évolution du Christianisme.*

Sur un point aussi délicat je craindrais, plus encore que sur tout autre, de ne pas reproduire fidèlement sa doctrine. Le moyen d'échapper à ce danger est simple, c'est de citer sans commentaire. Pour être certain de ne pas faire parler M. Ballanche, le mieux est de le laisser parler.

« Le temps est venu, je n'en doute point, d'introduire la science dans le domaine des croyances religieuses, comme il faut l'introduire dans le domaine de la poésie.

« Il est évident que le XIX° siècle est las du funeste héritage que lui a légué le siècle précédent. Il cherche à se dégager de ce suaire d'incrédulité dont il est encore à moitié enveloppé. Il veut entrer dans le Christianisme ; et comme, ainsi qu'il en est averti par son propre instinct, et qu'il serait facile de le démontrer, les véritables traditions chrétiennes, jamais séparées des traditions primitives générales, reposent toujours dans la même majestueuse unité, c'est au sein de cette unité catholique que le XIX° siècle veut entrer. Aidez-le donc à déposer le suaire de mort qui le gêne dans l'accomplissement de l'acte de sa résurrection. »

On le voit, M. Ballanche était très-nettement catholique, mais il l'était dans un esprit très-large, car il disait :

« Ce ne sont plus quelques hommes, c'est le genre humain tout entier qui est dépositaire des traditions générales.

« Les traditions, soyons-en bien convaincus, ne peuvent jamais être entièrement perverties. Sous ce point de vue élevé, la diversité des cultes a quelque analogie avec la diversité des langues : on a peine à suivre la pensée divine dans les enveloppes que lui prête la pensée humaine, mais c'est toujours la pensée divine.

« Appuyons notre pensée, et que ce soit avec quelque vigueur et quelque indépendance, sur l'analogie évidente de toutes les histoires sacrées et de toutes les histoires profanes, primitives; nous trouverons que toutes suivent les mêmes développements dans l'origine, les mêmes évolutions dans leurs crises, sont soumises aux mêmes périodes, ont les mêmes suites et les mêmes retours.

« M. de Maistre attend un siècle nouveau, une nouvelle révélation : il ne sait donc pas que le Christianisme a tout dit! Moi aussi je intelligente et morale. C'est là qu'après une nouvelle série d'épreuves et d'expiations, car il ne doit entrer rien que de parfait dans les royaumes immuables de Dieu ; c'est là que se trouve enfin le dernier terme de toute palingénésie ; c'est là seulement que s'accomplissent nos destinées définitives. »

L'ouvrage de M. Ballanche n'était à ses yeux qu'une introduction et, comme il disait, une initiation à un système de vérités qu'il n'a nulle part présentées dogmatiquement dans leur ensemble. Pascal aussi n'a pas achevé le monument qu'il voulait élever. Mais ses pensées éparses frappent peut-être encore plus dans leur isolement qu'elles ne l'eussent fait dans la place qu'il leur destinait, car elles parlent doublement à l'imagination comme pierre d'attente et comme ruines.

Certaines pensées que M. Ballanche a jetées dans les prolégomènes de la *Palingénésie* peuvent également se détacher sans rien perdre. Peut-être même les voit-on mieux en les isolant parce qu'ainsi on les voit de tous côtés. La première de celles qu'on va lire fera comprendre pourquoi je me suis souvenu de Pascal.

« Dans les profondeurs du Ciel nous croyons remarquer avec nos télescopes des mondes à plusieurs âges d'existence ; les uns semblent encore se dégager d'une vaste vase de lumière, pendant que d'autres, dans leurs ellipses accoutumées, ne roulent plus que des mondes éteints. Notre tour arrivera sans doute aussi. Un jour viendra qui sera le dernier de cette terre ; et cette grande catastrophe, cette immense agonie, qui frappera de stérilité un point de la création, ne sera pas même soupçonnée par quelques habitants des autres globes. Des milliers de créatures intelligentes et morales souffriront des maux étranges ; et ces habitants des autres globes continueront de regarder avec indifférence le chétif météore perdu dans l'espace. Il sera cependant arrivé un grand événement dans le monde infini, à savoir que la manifestation de l'homme, dans le temps et sur la terre, aura cessé. »

« Les gouvernements n'aiment pas les météores nouveaux ; ils sont, comme Hérode, effrayés de l'étoile qui conduit les mages et qui éclaire les bergers. Ils aiment à se réveiller le lendemain avec les idées et les habitudes de la veille ; ils aiment à s'endormir paisibles dans la pensée que le jour suivant n'amènera aucune mutation, aucun évènement à prévoir. S'ils se disent les images de Dieu, ils ne devraient pas oublier qu'un des attributs de Dieu est la prescience. Cependant les peuples grandissent comme les individus, et le genre humain grandit aussi. »

« Le présent raconte le passé, et le passé raconte l'avenir. On conçoit qu'à l'égard de Dieu tous les temps sont contemporains ; la prescience n'est autre chose que l'infinie contemplation de l'éternité. L'immensité de l'espace est un symbole merveilleux de cette vue toute intellectuelle pour qui la succession n'existe pas. Ainsi nos yeux découvrent au loin, dans les brillants abîmes du ciel, une étoile fixe qui nous paraît immobile ; elle nous paraît immobile parce qu'elle se meut dans une sphère incommensurable pour nos yeux. Ce clou d'or que nous nommons Sirius, nous savons que c'est un soleil mille fois plus grand que le nôtre ; et toutefois, ce qui est pour nos organes un clou d'or, pour notre science un vaste soleil, qu'est-il dans la réalité ? Il est ce que nos sens le voient, un clou d'or, mais un clou d'or qui étincelle avec des myriades d'autres clous d'or, inaperçus par nous et dans une symétrie impossible à comprendre, sur le marchepied du trône éternel. »

« La Providence secoue violemment le genre humain pour le faire avancer. Il n'a d'intelligence qu'à la sollicitation du besoin ; il n'a de vertu qu'à la sollicitation de la douleur. »

« Le calme endort l'esprit ; le trouble le réveille : les grands hommes sont les produits de révolutions agitantes ; le génie naît dans le sang et dans les larmes.

« L'éducation du genre humain est pénible ; il faut qu'il mérite ; il faut qu'il se fasse lui-même ; il faut qu'il expie. »

« Toujours un fondateur trouve quelque chose d'établi ; toujours il trouve un dieu Terme qu'il n'est pas en sa puissance de déplacer ; et c'est toujours là-dessus qu'il est tenu d'élever son édifice : cette nécessité est le grand obstacle pour assigner un commencement à une institution quelconque. »

« L'Orient fut immobile parce qu'il devait être la source éternelle de nos destinées progressives. Le sol sur lequel on bâtit ne doit pas toujours trembler. »

« Dieu veut que tous les hommes soient « sauvés et parviennent à la connaissance de la « vérité. » C'est saint Paul qui parle ainsi. »

« La plus forte individualité qui ait paru sur cette terre depuis les temps primitifs est incontestablement celle de Bonaparte. Chez lui l'intelligence fut portée à son plus haut développement. Le sentiment moral était resté en arrière, non relativement peut-être aux autres hommes, mais sans aucun doute relativement à lui-même. Serait-ce un des inconvénients d'une intelligence tellement puissante et tellement concentrique ? S'il eût été placé dans un milieu où il eût moins dominé, où il eût été moins centre d'activité, il est vraisemblable que son sentiment moral se fût développé en raison du développement de son intelligence, ce qui eût été une des plus belles harmonies de ce monde. L'existence où il est entré depuis sa mort, et qui a été si bien préparée par sa chute éclatante, par son exil tout semblable au supplice long et douloureux infligé à un redoutable Titan, cette existence nouvelle est peut-être une épreuve destinée à mettre de niveau son intelligence et son sentiment moral, et cette épreuve commença sur le rocher de Sainte-Hélène. Que cela soit ainsi devant le Créateur de tous les êtres ! »

―――――

« La chrysalide, qui fut une chenille rampante, devient l'éclatant papillon qui se joue avec tant de grâce dans le vague des airs, qui se repose à peine sur le calice embaumé des fleurs ; mais cette métamorphose, emblème si prodigué par l'auteur de la vie universelle, est tout organique ; elle s'opère sans que la chenille ait besoin d'y concourir. Il n'en est point ainsi de la chrysalide humaine : il faut qu'elle se donne à elle-même les ailes brillantes sur lesquelles elle doit s'élever de région en région jusqu'au séjour de l'immutabilité et de la gloire éternelles. »

———

« La propriété est une institution divine : les déclamations du dernier siècle contre le *tien* et le *mien* ne peuvent soutenir le regard de la raison, malgré le secours que l'éloquence de Rousseau a daigné leur prêter. L'homme fait le sol; la terre, c'est lui. »

A côté des grandes pensées, les pensées ingénieuses abondent; en voici un exemple :

« Lorsque les expositions des systèmes ou des doctrines n'existent plus, il reste encore quelques-unes des objections qui ont été faites dans le temps de la controverse; il reste au moins les outrages et les calomnies du parti qui a vaincu; il reste enfin ses chants de triomphe. On suit la route du char à la trace incertaine qu'il a laissée sur la poussière. »

La doctrine palingénésique appliquée à la politique, c'est la doctrine du progrès, du progrès réel. M. Ballanche, parti d'opinions et de sentiments politiques qui tenaient à l'ancienne société, était venu, nous l'avons déjà vu, se ranger sous l'étendard des temps nouveaux. Son libéralisme était comme celui de Niéburh, un libéralisme historique ; il voulait que l'ancienne organisation sociale se transformât sans se briser.

Il désirait que tout se fît, non par *révolution*, mais par *évolution* ; il n'en était pas moins ferme sur le terrain libéral pour y être venu du royalisme et pour en vouloir énergiquement écarter l'esprit révolutionnaire. Les *Institutions sociales* nous ont montré la vigueur et la décision de ses principes : il ne les a pas exprimés moins énergiquement dans les *Prolégomènes* :

« La participation du peuple au pouvoir ne suffit pas dans l'état actuel des idées et des opinions ; il faut que le pouvoir sorte du peuple même. La société, une fois instituée, marche vers l'indépendance ; c'est à elle un jour à produire le pouvoir qui doit la régir. Les âges de la tutèle sont passés, les âges de l'émancipation commencent [1]. Est-il besoin d'ajouter que, néanmoins, la société continue d'exister par les mêmes lois qui l'ont fondée ? L'émancipation d'un peuple ne peut être pour lui l'af-

---

[1] Ce passage, que j'avais cité avant le 24 février, semble avoir été écrit depuis.

franchissement du haut domaine de la Providence. »

M. de Maistre, ce puissant écrivain, avait beaucoup agi sur M. Ballanche et lui imposa toujours un certain respect ; il lui avait fallu un grand effort pour *s'émanciper* du joug de ce *patricien*. Mais il avait fait cet effort, et quand l'auteur des *Soirées de Saint-Pétersbourg* mourut, M. Ballanche, en rendant hommage à ce noble esprit, en faisant avec une grande élévation de sentiment et de langage l'oraison funèbre de son illustre adversaire, fit aussi l'oraison funèbre du principe de droit divin et de légitimité absolue que M. de Maistre représentait avec tant de passion et de talent :

« L'homme des doctrines anciennes, le prophète du passé, vient de mourir. Ses écrits, pleins de verve, d'originalité, de véritable éloquence, de haute philosophie, attestent l'énergie dont fut douée cette civilisation qui se débat encore dans sa douloureuse agonie, et que l'on voudrait en vain ressusciter. Paix à la cendre de ce grand homme de bien ! Gloire immortelle à ce beau génie ! Maintenant qu'il voit la vérité face à face, sans doute il reconnaît que ses rêves furent ceux d'une évocation brillante, mais stérile et sans puissance. Il voulut courber notre tête sous le joug d'un destin fini. La foi, qui opère tant de prodiges, ne peut pas faire celui-là ; elle ne peut pas faire que ce qui est progressif soit stationnaire, que le passé soit le présent. Ah! c'est bien au rigide néoplatonicien de notre temps qu'il est permis de dire, comme jadis à l'ombre du magnanime Hector : « Si la ville de Troie, « condamnée par la cruelle fatalité des choses « humaines, eût pu être garantie de la ruine, « ton bras, généreux guerrier, ton bras aurait « opéré ce prodige. » Tant il est vrai qu'un sentiment qui cesse d'être général se réfugie avec violence dans un petit nombre d'esprits élevés, et, ainsi concentré, trouve encore d'admirables organes. C'est le flambeau qui jette une vive et dernière lumière avant de s'éteindre ; c'est la vie qui rassemble encore une fois ses forces pour échapper à la mort.

« Mais je me trompe ; c'était sous Louis XIII que les livres de M. de Maistre devaient paraître ; ils eussent peut-être empêché de porter les derniers coups à la civilisation du moyen âge, à cette formidable féodalité que nos rois, las de lui devoir leur sceptre, avaient été, durant plus de trois siècles, sans cesse occupés à désarmer. Depuis Louis XIV, en effet, la monarchie française était un véritable interrègne, car l'institution si vigoureusement et si glorieusement improvisée par ce prince avait péri avec lui. Cela devait être. Il avait renversé sans élever ; il avait réglé le présent sans régler l'avenir. Il fut roi, et il fallait être législateur. La personnalité sur le trône, quelque éclatante qu'elle soit, ne produit que les fruits inféconds de la personnalité. Ce n'est jamais en vain que l'homme général conserve sous les insignes du pouvoir les étroites passions, les puériles vanités de l'homme individuel. Un tel homme ne doit pas se faire centre, il doit l'être. Louis XIV, dans la dernière moitié de son règne, fut condamné à se survivre, exilé en quelque sorte au fond de ses palais par sa royale misère et par les infortunes de ses peuples. Le temps était donc venu de substituer un autre principe à celui de l'institution féodale, trahie ou vendue de toutes parts, et qui ne devait plus avoir d'asile que les splendeurs pâlissantes de Saint-Germain, ou les pompes nouvelles de Versailles. On ne sut trouver que le droit divin, tel que l'avait expliqué Bossuet, en présence, et, pour ainsi dire, sous les yeux de la révolution anglaise. C'était la première fois qu'on faisait de ce droit, en Europe, un principe théocratique semblable à celui qui gouverna les Juifs ; et, par une contradiction inouie, on niait en même temps au pouvoir religieux la suprématie de ses prérogatives. On élevait donc un édifice qui manquait de base, qui ne pouvait s'asseoir sur aucun fondement. M. de Montlosier a donc raison de blâmer l'établissement monarchique de Louis XIV, quoique ce soit dans d'autres intérêts et d'autres vues. Ce premier pas dans une si mauvaise route devait nous faire graviter vers l'unité du pouvoir, qui est si près du despotisme de l'Orient, lorsqu'il n'est plus et qu'il ne peut plus être le pouvoir patriarcal du père de famille, étendu de la tribu au peuple. L'affranchissement des communes et l'abolition de la puissance féodale devaient avoir un autre résultat, par la nature même des choses ; et la révolution française est survenue à l'improviste, sans avoir été ni préparée ni mûrie dans la haute sphère des traditions sociales. Si elle se fût bornée à faire passer l'émancipation chrétienne de la sphère religieuse dans la sphère civile, elle n'aurait fait qu'accomplir la loi du progrès. C'est sans doute ce qu'eût voulu faire Fénélon par M. le duc de Bourgogne, lorsqu'il serait monté sur le trône ; mais le prophète de l'avenir, celui en qui l'amour des hommes, l'intimité du sentiment évangélique, l'imagination la plus gracieuse, des souvenirs pleins de poésie, formaient un mélange si charmant, ce beau et aimable génie était regardé par le roi absolu comme un esprit chimérique. La lyre mélodieuse du nouvel Orphée ne pouvait être entendue sous le règne corrupteur qui suivit de si près la mort du grand roi. La révolution est allée au delà de ces rêves d'amélioration, parce que la transformation sociale, se faisant trop tard, ne pouvait s'opérer que par des moyens violents et illégaux, et aussi parce que la partie dominante de la société a refusé le remède providentiel qui lui était offert depuis si longtemps en vain, peut-être enfin parce qu'il vient un moment où Dieu n'a plus que des fléaux pour venger ses lois méconnues. Alors la parole est aux événements ; alors le vaisseau des destinées humaines, sans pilote et sans gouvernail, est abandonné à la merci des flots.

« Néanmoins cette forte organisation du

moyen âge, toute vivante en Europe, traînait encore chez nous sa terrible caducité. Oui, les écrits de l'illustre philosophe piémontais sont le chant du cygne d'une société expirante. Et, chose digne de remarque ! le prophète du passé, l'homme des doctrines anciennes, est mort paisiblement, aux côtés de son vieux souverain, la veille du jour où l'orage devait subitement gronder autour des dynasties italiennes ; la veille du jour où elles se sont cru obligées de livrer leur pays à l'étranger ; et il n'a eu aucun pressentiment de ce rapide orage qui allait forcer son roi à abdiquer une couronne replacée depuis si peu de temps sur sa tête, par des événements imprévus qu'il n'avait ni préparés, ni secondés. Peut-être, dans ses derniers entretiens avec son maître, racontait-il le retour d'Esdras après la captivité, l'ancien livre de la loi expliqué de nouveau sur les ruines du temple, le peuple d'Israël brisant les liens illicites, renvoyant des épouses qui ne lui avaient pas été données par la loi de ses pères, tenant d'une main la truelle et de l'autre le glaive pour relever et défendre à la fois ses murailles démolies par de barbares vainqueurs : tant les analogies incomplètes ne servent qu'à tromper les hommes et à fasciner les esprits les plus élevés ! Mais c'était la patrie qu'Esdras faisait sortir du tombeau ; c'était une proie qu'il ravissait à l'étranger. Qu'eût-il dit, cet homme d'un autre âge, s'il eût vu, quelques jours après, la Grèce soulevant d'elle-même le poids de ses fers, et cherchant à se rajeunir, après tant de siècles de l'oppression la plus ignominieuse ! Ainsi les deux grandes métropoles du monde moderne, de l'Europe chrétienne, Rome et Constantinople, se trouvent à la fois battues par les flots d'une mer inconnue, les flots d'une civilisation naissante, d'une civilisation à qui l'avenir est promis. Le prophète du passé s'est endormi la veille du jour solennel, il s'est endormi au sein de ses souvenirs, qu'il prenait pour des prévisions ; et les réalités de son temps ne lui ont été révélées qu'avec les grandes réalités des pensées éternelles. Mais n'a-t-il pas dû éprouver quelque doute, lorsque sa tête reposait sur l'oreiller de son lit de mort ? N'avait-il pas eu le temps de savoir que l'Espagne se levait pour faire un pas vers l'Europe, dont elle se sentait trop séparée, et que le Portugal venait d'abolir la peine de mort, signe, selon lui, si funeste, signe de ruine et de décadence? N'avait-il pas jeté un œil inquiet sur les Amériques voulant entrer dans l'indépendance qui seule peut constituer un peuple?

« Non, ce grand homme de bien, ce noble théosophe, ce vertueux citoyen d'une cité envahie par la solitude, n'avait reçu d'oreilles que pour entendre la voix des siècles écoulés; son âme n'était en sympathie qu'avec la société des jours anciens. Il ne savait point distinguer ce cri si parfaitement articulé de l'avenir; il n'entrevoyait rien des destinées nouvelles; les peuples ne pouvaient le comprendre, car il avait cessé de parler leur langage.

« Toutefois, il faut bien le dire, M. de Maistre n'a point erré dans les routes obscures du passé. Il a vu tout de suite, pendant que les chefs des peuples ne faisaient qu'entrevoir, il a vu que la féodalité ne pouvait ressusciter. Dès lors il s'est hâté de gravir au plus haut sommet du principe théocratique; il avait compris d'avance que c'était le seul moyen d'éviter le piége où le fier génie de Bossuet s'était laissé honteusement prendre. Il a dédaigneusement repoussé l'inconséquence des transactions, pour marcher plus directement au règne de l'immobilité. Il a franchi d'un saut les débris de l'empire de Charlemagne, pour aller prendre des armes dans le camp de Constantin. Il a convoqué de nouveau les peuples et les rois sous le *Labarum*, devenu non plus le signe vivificateur de l'affranchissement, mais le signe silencieux du pouvoir sacré. Il a redemandé au Vatican d'Hildebrand ses foudres usés dans de glorieux combats livrés à la multitude des tyrans du moyen âge; il les a redemandés pour en armer la main débile du vieux prêtre dont nous n'avions su admirer naguère que la douceur évangélique.

« Bossuet, dans sa *Politique sacrée*, livre admirablement beau, composé en entier de centons de l'Ecriture sainte, Bossuet a essayé de faire revivre la loi abolie, puisqu'il prend ses exemples et ses règles dans la théocratie juive, renversée par la mission de Jésus-Christ; mais dans d'autres écrits il a fait de vains efforts pour assigner des limites à une puissance qui ne peut pas connaître de limites.

« Moïse initia un peuple; le Christ initia le genre humain : Bossuet et M. de Maistre ne parviendront point à nous ravir le bienfait de ces deux initiations, devenues notre inaliénable héritage. »

M. Ballanche se sentait profondément séparé des opinions de M. de Maistre sur la question des peines et des supplices ; on juge si la doctrine qui faisait du bourreau le pivot de la société pouvait agréer à celui qui pensait que l'abolition de la peine de mort était une conséquence rigoureuse du Christianisme.

Aussi, sur ce point, M. Ballanche prenait M. de Maistre corps à corps avec une colère généreuse, pareille à ces colères soudaines dont ceux qui l'ont connu se souviennent de l'avoir vu saisi jusqu'à en pâlir, toujours à l'occasion d'un sentiment moral blessé en lui quelquefois sans motif. Nul n'était plus doux et plus facile en tout ce qui le concernait, nul n'était par instants plus violent et plus emporté quand il s'agissait de la dignité humaine, de la vérité ou de la justice.

Je l'ai vu entrer dans une véritable fureur contre Bossuet pour avoir prétendu que Moïse avait caché à dessein au peuple hébreu le dogme de l'immortalité de l'âme. M. Ballanche s'indignait qu'on eût pu avoir la pensée de priver un peuple d'une si consolante vérité : il s'indignait plus encore que Bossuet eût prêté une telle dissimulation à Moïse et qu'il eût osé l'en louer.

S'il était si vif contre Bossuet, on conçoit qu'il le fût encore plus contre M. de Maistre qui, entraîné par le besoin du paradoxe, avait eu la triste audace de regretter les anciens supplices et de dire que si la société française avait été si rudement frappée pendant la révolution, c'est que, depuis l'abolition de ces supplices, elle était devenue insolvable à l'égard de la justice divine.

En lisant cette phrase étrange, M. Ballanche pâlit sans doute d'une de ses généreuses colères ; on la sent quoiqu'il la contienne, et l'éloge de Voltaire, la justice rendue à son amour de l'humanité, lui est arrachée comme une représaille vengeresse contre la férocité de l'opinion qu'il combat.

« M. de Maistre menace des plus grands malheurs, d'une dissolution complète, la société qui abolira les supplices. Je ne sais s'il est permis de regretter l'atrocité de la législation criminelle que Louis XVI, le premier, avait commencé à détruire. Les malheurs et les crimes de la Révolution seraient-ils, par hasard, une punition de cette haute imprudence de Louis XVI ?

« La société, pour employer une expression remarquable par son étrange énergie, par sa barbare originalité, et que l'apôtre du passé pouvait seul trouver, la société serait-elle devenue insolvable à l'égard de la justice divine ? Voilà, il faut l'avouer, une singulière explication de l'anarchie et des échafauds de 93 ; et surtout voilà qui me confond, et qui en confondrait de plus hardis, car cette législation criminelle, lorsqu'on en lit à présent les détails, nous fait frémir dans tout notre être. C'est un véritable chaos d'horreur, d'ineptie, de froide cruauté. Il fallait toutes les indolences dans lesquelles nous étions malheureusement bercés pour que nous pussions ne pas y prendre garde au milieu même du progrès de toutes les idées de justice et d'humanité. Pour le dire en passant, et pour rendre justice à qui elle est due, c'est Voltaire surtout qui, par ses cris puissants, ses cris de tous les jours d'une si longue et si éclatante vie, appelait notre attention, contraignait notre pensée pusillanime à s'arrêter sur ce triste objet de notre indifférence et de nos trop longs dédains. Ce rire sardonique, habituellement produit sur ses lèvres par une contemplation railleuse de nos destinées, s'effaçait lorsqu'il sentait en lui, ou les vives inspirations de la gloire, ou les sympathies généreuses de l'humanité. La société insolvable par l'abolition des supplices ! Que sera-ce donc de l'abolition de la peine de mort ? Que sera-ce encore de l'abolition de toute peine entraînant un effet irrévocable ? Tranquillisons - nous ; Dieu, qui en sait plus que M. de Maistre, a permis successivement la désuétude des lois rigoureuses à mesure que le sentiment moral s'est perfectionné. »

L'adoucissement graduel des châtiments, *l'irrévocable* banni de la pénalité et remplacé par l'expiation, tel était un des articles de foi du *Credo* social de M. Ballanche auquel il tenait le plus fortement. *La Ville des expiations* devait offrir une réalisation idéale de l'abolition de la peine de mort; mais dans tous ses ouvrages il trouvait moyen d'exprimer sur ce sujet une conviction qui possédait son cœur autant qu'elle émanait de son intelligence.

J'aime à citer ces pages imprégnées d'un souffle si pur d'humanité.

« Dans les peines on regarde toujours l'utilité de la société ; ne serait-il pas temps enfin, comme j'en ai déjà exprimé le désir, de compter pour quelque chose l'utilité du coupable lui-même, de ne pas l'exclure de toute confraternité humaine ? Si cela est vrai, si cela est juste, comme je n'en doute point, il faut réclamer jusqu'à ce qu'elle soit obtenue ; il faut réclamer avec persévérance, avec acharnement, l'abolition de toute peine qui entraîne un effet irrévocable après elle. Ne craignons pas de désoler l'impassibilité de ceux qui veulent continuer de supplicier par le sang, par la torture, par la gêne, par les geôliers et les bourreaux. Non, ne nous lassons pas de le redire, non, il ne faut pas, autant qu'on le peut, placer le malheureux sous la loi absolue de l'irrévocable ; il ne faut pas lui river les fers de son mauvais destin : c'est bien assez qu'il se place, par la triste direction de ses propres penchants, sous cette loi fatale, et que trop souvent il se ferme de plein gré tout chemin de retour. Laissons une place au repentir, à l'amélioration morale; et quelquefois encore, n'en doutez pas, cette place que vous croirez n'avoir accordée qu'à la possibilité du repentir, pourra servir à réparer quelque erreur douloureuse.

« Mais allons plus loin. Il est permis de douter de l'utilité des peines rigoureuses, flétrissantes, en un mot, irrévocables ; il est permis, dis-je, d'en douter, même dans l'intérêt de la société. Il y a des faits nombreux, très-extraordinaires, et fort attestés, qui établissent qu'à différentes époques la vue des supplices a produit sur l'imagination d'un certain nombre de personnes l'effet de créer en elles le funeste besoin, le vertige amer de se donner à leur tour en spectacle dans ces cruelles tragédies. Des sectaires, des mélancoliques, n'ont-ils pas cherché aussi, faute d'autre célébrité, la gloire d'une torture publique qu'ils avaient vu endurer avec une constance de martyr? Le supplice de Jean Châtel fit peut-être Ravaillac. Le coupable sait que dans nos lois actuelles il encourt la peine de mort; ne lui laissez donc pas la pensée du danger, pensée si souvent pleine d'attrait, et qui, même dans nos préjugés, pourrait si souvent ennoblir la révolte contre les lois.

« L'application de la peine de mort produit le mal moral de porter à croire que le meurtre n'est pas mauvais en soi, mais selon la circonstance. La société s'élève dans l'échelle des idées morales, et elle en est parvenue à celle-ci, que le meurtre, hors le cas de défense naturelle, est toujours un crime.

« Si je ne me trompe point, voici la progression naturelle des peines et des châtiments et de leur adoucissement successif.

« Anathème porté contre des populations

entières pour le crime de quelques-uns, ou même pour le crime d'un seul : cet anathème depuis longtemps n'existe plus, ni dans nos mœurs, ni dans nos formes légales. Un préjugé a survécu, mais il va s'atténuant de jour en jour.

« La mort s'étendant du coupable à toute sa famille, et j'oserai dire aux choses mêmes du coupable ; cette législation d'une cruelle solidarité a péri à son tour. Il n'en reste non plus qu'un préjugé affaibli.

« La torture n'a pu résister aux attaques du siècle qui vient de finir. La graduation de la peine capitale elle-même, par la variété des supplices, avait survécu à la torture ; elle a été aussi abolie, et cet agent incompréhensible, l'horreur et le lien de toute association humaine, du moins, ne peut plus se vanter de sa hideuse habileté.

« La confiscation, autre conséquence de cette législation qui étendait le châtiment du coupable à la famille, la confiscation n'est plus dans nos facultés de vengeance.

« Maintenant l'abolition de la peine de mort est réclamée avec cette sorte d'unanimité qui ne peut tarder de triompher, parce que c'est l'unanimité des hommes qui ont la pensée sympathique de ce siècle:

« L'humanité, marchant toujours de triomphe en triomphe, achèvera de désarmer les bourreaux, les geôliers, les gardiens des bagnes.

« Enfin on en viendra tôt ou tard à l'abolition de toute peine qui entraîne après elle un effet irrévocable.

« Jour de bénédiction, je te salue dans un avenir qui ne peut longtemps se faire attendre; car le genre humain ne met plus des siècles à accomplir son œuvre.

« Il y a un droit public tout entier qui a été frappé de mort par le Christianisme, et qu'on ne peut ressusciter sans abolir le Christianisme lui-même. »

Quant à la guerre, M. Ballanche est moins loin des théories de M. de Maistre, bien qu'il les modifie. M. Ballanche avait un certain faible pour la guerre, et pour le duel une certaine indulgence ; chose étrange, mais réelle, dans cette âme plus douce que paisible il y avait quelque chose de vaillant.

« M. de Maistre regarde la guerre comme

une forme d'expiation. Je ne le conteste pas, mais n'est-ce que cela? Examinons. La mort est une des conditions de la vie; la guerre condamne un certain nombre d'hommes à mourir sur les champs de bataille; elle est donc un genre de mort ajouté à tous les autres. La guerre a été dans la main de Dieu un moyen providentiel, un instrument de civilisation. De plus, il est évident que les questions sociales les plus importantes ne peuvent se décider que par les armes; et remarquez bien qu'un combat entre des hommes est un combat entre des intelligences, combat dont le signe terrible est l'immolation d'un plus ou moins grand nombre de victimes. La force physique, ici comme ailleurs, n'est que l'emblème de la force intellectuelle ou morale. La guerre est donc souvent légitime, même la guerre civile. La victoire est l'ascendant d'êtres intelligents sur d'autres êtres intelligents, ascendant qui se manifeste dans le fond des âmes plutôt qu'il n'apparaît par les chances extérieures des armes, et même on ne peut l'expliquer autrement. La valeur n'est que la foi, sous une forme différente. Voilà pourquoi une croyance religieuse ou fatale, un sentiment très-exalté, une grande confiance dans la fortune d'un chef, dans la justice ou la sainteté d'une cause, sont des raisons si puissantes de victoire. Ajoutons encore que l'homme trouve à exercer parmi les chances de la guerre un genre de facultés et de vertus qu'il n'aurait pas connues sans elle. La pensée de l'épreuve se retrouve partout.

« Le duel est lui-même une sorte de progrès qui à son tour doit se perdre dans un autre progrès. Le duel et la guerre sont des jugements de Dieu. »

Passant de la politique à la religion et appliquant la mansuétude chrétienne, qu'il avait puisée dans l'Evangile, au dogme de l'éternité des peines, M. Ballanche émettait avec la réserve d'un croyant et la soumission d'un laïque le charitable espoir que ce point controversé par de grands docteurs de l'Eglise tels qu'Origène serait abandonné par la théologie de l'avenir.

« Parmi les théologiens, ceux qui ont soutenu l'éternité des peines, et qui ont été moralistes en même temps, ont dit que les réprouvés méritaient incessamment la réprobation ; ils ont jugé avec raison que si ce n'était pas ainsi, la perpétuité du supplice serait une chose injuste. Dans les réprouvés, disent-ils, la volonté du mal survit à la liberté, ce qui suffit pour motiver la continuité de la peine. Un jour sans doute, et il faut désirer que ce jour ne soit pas éloigné, un jour tous les théologiens seront d'accord sur ce point. Ils comprendront que les êtres intelligents ne peuvent se passer de liberté, même les êtres intelligents déchus. D'autres épreuves leur seront accordées pour que tous parviennent à accomplir la loi définitive de leur être. La touchante inspiration qui a produit Abbadona attendrira la rigueur du dogme : les véritables poëtes ont quelque chose de prophétique. Nul ne doute de la religion de Klopstock : quoique ce grand hymnographe ait appartenu à une communion qui a repoussé le purgatoire et adopté la prédestination, il s'est rendu l'interprète du christianisme de ce temps de tolérance, comme le Dante fut l'interprète du terrible christianisme du moyen âge. C'est avec une sorte d'anxiété que je fais de telles excursions dans un domaine où peut-être il eût été de mon devoir de rester étranger; mais comment séparer les destinées humaines de ce qui en fait l'âme et la vie, de la religion? J'ai dit plus haut que tout était successif dans le temps, même la manifestation des vérités religieuses ; que la pensée divine, en daignant revêtir les formes de la parole, a dû consentir à devenir successive comme la pensée humaine elle-même. Appliquons ceci au dogme des peines éternelles, et achevons de nous exprimer dans le langage des lois de la société. La peine de mort est une peine définitive, relativement à ce monde. Est-ce à l'homme ignorant à infliger une peine définitive? Est-ce à l'homme qui vit dans le temps, et dans un temps si fugitif, à retrancher le temps à son semblable? Les arguments qu'on a faits contre le suicide s'appliquent à la peine de mort, lorsqu'une fois on est arrivé dans le système d'idées où nous sommes graduellement parvenus. Ce n'est pas nous qui nous sommes volontairement placés dans le temps, et la vie n'est pas pour nous un don purement gratuit. Ce n'est point à nous à nous priver du temps et de la vie, parce que nul n'est sûr des conditions de l'un et de l'autre. J'en dirai autant pour la perpétuité de la réclusion, et, à plus forte raison, pour les fers, pour les peines entraînant la flétrissure. En suivant les règles de l'analogie et de la transformation des idées, nous trouverons que le sentiment religieux qui fait fléchir la croyance absolue aux peines éternelles, et le sentiment social qui nie la nécessité de la peine de mort, sont identiques : l'un est l'expression de l'autre, comme l'un des dogmes fut l'emblème de l'autre.

« Si j'ai osé sonder deux avenirs à la fois, l'avenir religieux et l'avenir social, j'y ai été entraîné par la contemplation de cette unité merveilleuse qui rend semblables et analogues, dans toutes les sphères d'idées, les faits accomplis comme les faits destinés à s'accomplir. Ainsi le dogme de la déchéance et de la réhabilitation, qui se trouve au commencement, doit se trouver à la fin de l'histoire des épreuves humaines; après en avoir éclairé toute la durée, il en éclairera encore la consommation. Mais je m'abstiens de convertir la pensée de l'avenir en la pensée du présent. Pour produire une telle transformation, il faudrait une autre puissance que la mienne. Mon sentiment, en effet, ne peut être qu'un timide et respectueux pressentiment; tout motivé qu'il est, il est sans autorité. »

Il me semble que ces dernières paroles doivent désarmer les susceptibilités les plus rigoureuses. Ceux qui penseraient que, dans les pages qui précèdent, il y a une erreur selon la théologie ne peuvent s'empêcher de reconnaître au moins que c'est une erreur de la charité. Qui aurait le courage de condamner Abbadona ?

VIII

La vision d'Hébal.

La *Vision d'Hébal* est peut-être celui des ouvrages de M. Ballanche dans lequel l'ensemble de sa pensée s'est le plus complétement réfléchi. C'est une vue ou plutôt une vision rapide de l'histoire universelle ; un tel ouvrage ne s'analyse point. Je vais en extraire quelques morceaux ; il me semble qu'on sera frappé d'un caractère de grandeur extraordinaire. On dirait un rêve de Bossuet.

D'ailleurs nous avons le bonheur de pouvoir donner ici au public quelques lignes sur la *Vision d'Hébal* qui valent mieux que toutes les préfaces, car ces lignes sont tirées d'une lettre signée Chateaubriand.

« Votre livre m'est enfin parvenu après avoir fait

« le voyage complet des petits cantons dans la po-
« che de votre courrier. J'aime prodigieusement
« vos siècles écoulés dans le temps qu'avait mis
« la sonnerie de l'horloge à sonner l'air de l'*Ave*
« *Maria*. Toute votre exposition est magnifique ;
« jamais vous n'avez dévoilé votre système avec
« plus de clarté et de grandeur. A mon sens votre
« *Vision d'Hébal* est ce que vous avez produit de
« plus élevé et de plus profond ; vous m'avez fait
« réellement comprendre que tout est contempo-
« rain pour celui qui comprend l'éternité. Vous
« m'avez expliqué Dieu avant la création, la créa-
« tion avant l'homme, la création intellectuelle de
« celui-ci, puis son union à la matière par sa
« chute quand il crut se faire un destin de sa vo-
« lonté.

« Mon vieil ami, je vous envie, vous pouvez très-
« bien vous passer de ce monde dont je ne sais
« que faire ; contemporain du passé et de l'avenir,
« vous vous riez du présent qui m'alarme moi ché-
« tif, moi qui rampe sous mes idées et sous mes
« années. Patience, je serai bientôt délivré des
« dernières ; les premières me suivront-elles dans
« la tombe ? Sans mentir, je serais fâché de ne
« plus garder une idée de vous.

« Mille amitiés.

« CHATEAUBRIAND. »

L'idée du cadre étrange et ingénieux qu'a choisi M. Ballanche lui avait été suggérée probablement par des états extatiques fort singuliers que lui-même semble avoir éprouvés ; ils offrent quelque ressemblance avec la *double vue*. Mais c'était une double vue idéale ; pendant une maladie nerveuse, il croyait, m'a-t-il dit, s'entendre lui-même dans un pavillon éloigné gémir et crier. Un ami de M. Ballanche, M. Dupré, que nous retrouverons près de son lit de mort, nous apprend qu'un jour à Lyon, sur un pont au milieu de la Saône, M. Ballanche eut tout-à-coup une intuition de l'ensemble des choses humaines. Enfin, M. Ballanche lui-même a mis dans la bouche d'Orphée l'expression poétique de cette intuition rapide et immense à laquelle il s'était élevé par moments et qu'il prête à Hébal.

« Les instincts de ma lyre, comme les blanches ailes de la colombe, me soulevaient de dessus la terre, et me tenaient suspendu dans les hautes régions que le corps ne peut habiter. Un jour, durant mon voyage dans ces hautes régions de l'esprit, il me sembla voir une grande lumière qui enveloppait la nature immense, et éclairait profondément toutes choses. Ma vue n'était point assez rapide, ni ma pensée assez active pour être partout à la fois dans un instant indivisible. J'eus néanmoins un sentiment réel, mais obscur et indéfinissable, de l'essence et de l'ensemble de tout ce qui existe. »

VISION D'HÉBAL.

LE RÉCIT.

« Un Écossais, doué de la seconde vue, avait eu, dans sa jeunesse, une santé fort triste et fort malheureuse. Des souffrances vives et continuelles avaient rempli toute la première partie de sa vie. Des accidents nerveux d'un genre très-extraordinaire avaient produit en lui les phénomènes plus singuliers du somnambulisme et de la catalepsie.

« Vers l'âge de vingt et un ans sa santé se raffermit; cet état de souffrance cessa; il ne lui resta plus pendant quelques années qu'un ébranlement de nerfs et une sensibilité très-facile à émouvoir.

« Un jour, Hébal était absorbé dans ses vagues contemplations; il avait les yeux attachés sur une horloge, où le temps était mesuré par trois aiguilles, et il considérait attentivement la marche relative de ces trois aiguilles. Il comparait cette petite horloge, ouvrage de l'homme, avec la grande horloge de l'univers, dont les phases sont dans une harmonie irréfragable, établie par l'éternel Géomètre, hauts problèmes avec lesquels la science humaine est ardente à se mesurer.

« C'était sur la fin de l'été : le crépuscule du soir étendait son voile de silence, de recueillement, de longue rêverie sur la nature. L'aspect de la campagne, doucement éclairée par la dernière lueur du jour, flottait devant ses yeux comme un songe qui commence. Des sons indécis et monotones venaient légèrement onduler sur le bord de son oreille.

« L'horloge à chaque heure jouait un air qui s'appliquait aux paroles de l'*Ave Maria,* et cet air était d'une grande suavité.

« Le petit roulis qui précède l'air se fait entendre, l'aiguille des secondes se précipite sur le nombre soixante; celle des heures touche à la neuvième.

« Hébal ne s'endort point, mais le monde extérieur semble disparaître pour lui; sa pensée, dégagée de tout ce qui pouvait contraindre ou marquer son essor, ne trouve plus de limite, ni dans le temps ni dans l'espace. Une réminiscence d'un genre nouveau se présente à son esprit : c'est la réminiscence de toutes les apparitions magnétiques dont se remplissait si souvent la première partie de sa vie. Celles de ces apparitions qui faisaient saillir un point de l'ensemble des choses se groupèrent entre elles, prirent de l'unité tout en se classant avec la rapidité de l'éclair qui fend la nue. Il en résulta subitement une magnifique épopée idéale.

« Avant le déplissement de la grande épopée, une lueur était entrée dans l'esprit d'Hébal. Et son esprit illuminé avait vu et senti ce que nul langage ne saurait exprimer, car c'était l'antériorité des choses.

« Une puissance était, puissance sans nom, sans symbole, sans image.

« Et un hymne non cadencé par des sons formait une harmonie que l'oreille ne saurait comprendre, et cet hymne disait l'univers qui était une pensée de Dieu, et qui n'était pas encore sa parole.

« Et une lumière, qui n'avait rien de matériel, éclairait des objets à l'état d'idées non exprimées.

« Et le temps n'avait point de périodes

astronomiques ; le temps ne s'était pas détaché de l'éternité.

« Dieu reposait dans son immensité, dans son ineffable solitude, dans sa faculté de contenir tout avant qu'il eût produit aucune substance.

« Dieu donc avant toutes choses, et toutes choses émanées de lui ; et la création en puissance avant d'être en acte.

« Dieu avait-il besoin de rayonner en dehors de lui, de se manifester dans des choses et des existences? Avait-il besoin d'être contemplé, d'être adoré, d'être aimé ? Avait-il besoin de s'assurer de sa puissance de réalisation ? Ne lui suffisait-il pas d'être?

« Qui lui demanderait compte de la raison de ses œuvres?

« Et qui eût pu le faire sortir de son repos?

« Seulement il lui plut de sortir de son repos ; il en sortit sans effort, sans cesser la contemplation de lui-même.

«Maintenant l'univers peut éclore, la matière peut sortir du néant et apparaître sous des formes variées : l'organisation et la vie peuvent se manifester.

« Notre chétive planète, jetée dans l'espace

infini, prend sa place dans l'harmonie universelle. La parole du Créateur est le moule qui lui donne une forme sphérique par ces lois primitives dont l'effet dure toujours. Une croûte extérieure cache ses entrailles incandescentes. De grands craquements brisent sa surface scoriée. Les montagnes sont produites avec un effort tel, que, si la terre n'eût pas été contenue dans le moule puissant de la parole, elle se fût partagée, et elle n'eût roulé dans son ellipse désolée que de stériles débris. Le bassin des mers se creuse avec un effort égal. Les continents se dessinent comme de vastes déchirures. Des végétaux, pleins d'une sève créatrice, les couvrent pour élaborer une atmosphère brute. Cette atmosphère, élaborée par des plantes qui sont le vêtement de la terre, qui ne servent encore ni d'abri ni de nourriture, devient successivement propre à la vie animale dans ses divers degrés d'organisation. L'air, les eaux et la terre se peuplent d'espèces variées. Les plaines, les collines, les vallées, les lacs et les fontaines reflètent la lumière, et les nuages versent de fertiles ondées. Les animaux qui remplissent ces étonnantes solitudes volent, nagent, rampent, marchent, et ne sauraient rencontrer de maîtres. Ils dévorent et sont dévorés. Ils vivent, ils respirent sans admirer, sans aimer. Une création sans but! Un spectacle sans spectateurs! Un monde sans prière et sans adoration! Nulle voix qui exprime un sentiment ou une pensée! Des bruits confus! Des sons qui ne disent rien!

« Le cœur d'Hébal est saisi d'épouvante. »

Après avoir admiré cette étonnante peinture de Dieu avant la création et du monde avant l'homme, nous passons avec Hébal au spectacle des premiers âges.

L'aurore des temps historiques va commencer à luire.

« Eh quoi! si près du berceau de la race humaine, et déjà de grands empires, des peuples puissants, de vastes métropoles! et déjà les grains sont tombés sur l'aire, et l'aire plus d'une fois a été balayée par le terrible moissonneur! C'est que des siècles ont passé sans qu'Hébal les ait aperçus, parce qu'ils ont à peine laissé de trace dans la mémoire des hommes. Et ces fondateurs inconnus, et ces conquérants innommés, et ces événements qui ne furent chantés par aucun poëte, tout cela est de la poussière. Voilà qu'un vieux monde a disparu, et l'homme survit ; il survit avec ses traditions, ses castes, ses formes sociales.

« Et autour des grands événements qui sont l'axe de la roue merveilleuse des destinées humaines, grondent çà et là de lointaines rumeurs : ce sont des empires qui s'élèvent ou s'effacent ; ce sont d'obscures et d'éclatantes dynasties qui périssent enveloppées des mêmes ténèbres ; ce sont des peuples qui disparaissent comme s'ils n'eussent jamais existé. Que de fois, qu'en des lieux divers, ont été prononcés de terribles anathèmes, les funestes paroles écrites par une main inflexible sur les murs de la salle du festin où se réjouissait un dominateur sans pitié ! Mais l'Egypte, mais l'empire fondé par Nembrod, mais la Phénicie, mais Tyr et Sidon ; que de souvenirs reposent seulement sur les prophéties qui condamnèrent de grandes métropoles à périr ! Où sont Sésostris et Alexandre? L'exil a-t-il le temps de suivre un éclair dans la nue ? Et pourtant il reste quelque chose d'Alexandre : il a transporté l'Orient en Egypte. Et pourtant il reste quelque chose de l'Egypte : une immense réalisation de la mort, toute la science humaine devenue un vaste hiéroglyphe muet. »

Hébal voit la Grèce briller et passer ; il salue le formidable commencement de Rome.

« Où donc est le berceau du peuple romain? Est-ce de la tannière d'une louve, est-ce d'un repaire de brigands que sortira le peuple qui doit assujétir le monde? Un premier roi, qui est un fratricide, fonde la ville éternelle, établit le mariage par le rapt, et nul ne sait la mort de Romulus, parce qu'il a disparu dans un orage. Et chaque roi est une personnification d'une chose sociale. Toutes ces royautés symboliques se succèdent dans un crépuscule douteux, qui n'est plus la nuit, qui n'est pas encore le jour. Et toute origine remonte à des enfants exposés, à des meurtres, à des fratricides : emblême primitif de la violence de l'état social. Epreuve ! initiation ! »

Hébal voit la promesse de la rédemption s'accomplir.

« Et toute la destinée humaine, dans le passé et dans l'avenir, dans le temps et hors du temps, se résume et se transfigure dans la vie de celui qui a voulu être le péché pour être le salut, être la faute pour être le pardon, de celui qui s'est fait notre image pour que nous devinssions la sienne. »

Puis il assiste à l'asservissement du monde entier par l'empire romain, et il exprime pour l'indépendance qui résiste une sympathie dans laquelle je crois reconnaître la sympathie généreuse de l'auteur ponr la vaillante et malheureuse Pologne.

« Et toutefois, au bout du monde, qui était encore le monde romain, dans les mers du Nord, mers inconnues, est une île conquise par les armes de César ; et, au bout de ce petit univers, il reste un rocher sur lequel l'aigle romaine n'a pu s'élever. Tant que la liberté trouve à placer son pied quelque part, tant qu'elle peut prendre son essor de l'aire la plus étroite, pour de là étendre son vol sur mille contrées, pour de là faire retentir sa voix puissante, et réveiller les peuples courbés sous le joug de l'esclavage, il est permis d'espérer. Trois cris terribles retentissent des bords du Tibre aux lacs de la Calédonie : le premier, pour proclamer le monde soumis ; le second cri annonce qu'un rocher est resté inaccessible aux armes des maîtres du monde, et les maîtres du monde s'indignent, et les peuples font des vœux. Et les sympathies généreuses sont aussi une puissance. Rome rassemble toute l'énergie de son destin pour vaincre un rocher. La force qui a subjugué le monde se brise un instant contre le rocher, comme une vaste mer contre un grain de sable. Mais le grain de sable disparaît au troisième cri. La liberté n'a plus où poser son pied. Ainsi la Calédonie a été pour le monde entier ce que les Thermopyles avaient été pour la Grèce. Harpe sonore du Barde, tais-toi en présence du despotisme universel ! »

Voici quelques grands traits qui achèvent le tableau.

« Les vainqueurs des maîtres du monde sont cachés dans les catacombes même.

« Trois sanglantes persécutions attestent la grandeur de l'initiation chrétienne. Et le sang des martyrs versé sans mesure est une semence sans mesure.

« Et Jérusalem tombe comme dans un gouffre de sang et de feu.

« Et Palmyre, bâtie par Salomon, disparaît du désert.

« Et les Barbares, qui doivent renouveler la face de l'empire romain, croissent dans des climats ignorés.

« Et la corruption romaine est égale à sa grandeur. »

Celui qui a peint si énergiquement les temps anciens, après qu'il aura esquissé à grands traits les imposantes figures de l'histoire moderne, Charlemagne, saint Louis, Jeanne d'Arc et Louis XIV, trouvera aussi de fortes paroles pour exprimer les temps nouveaux.

« Et la Révolution française vient accomplir la mission du XVIII⁰ siècle.

« Et la coupe des malheurs est versée sur la France, et l'enivrement de la gloire ne la console pas.

« Et une grande victime est tombée.

« Et un homme antique s'élance sur la scène du monde.

« Il reconstruit l'empire de Charlemagne, et il veut faire rétrograder l'idée comme il a fait rétrograder la pensée du pouvoir.

« Et les batailles qu'il livre sont des batailles de géants.

« Et l'esprit de la nation française se retire

de celui qui a voulu ressembler à Julien.

« Et deux fois il perd l'empire, et deux fois sa chute ébranle le monde.

« Il meurt sur un rocher perdu dans les mers immenses de l'Atlantique, tombeau digne d'un Titan !

« Et l'exil a ramené l'affranchissement par l'expiation.

« Et la Restauration, à l'insu d'elle-même, a été l'âge de l'émancipation de la pensée.

« Et la dynastie s'est considérée comme cause et non comme instrument.

« Et l'instrument indocile a été brisé par un effort subit et spontané.

« Et la foudre n'aurait pas été plus prompte.

« Et une multitude a agi comme un seul homme, comme une intelligence unique.

« Un silence succède : le silence de l'admiration.

« Et les peuples racontent au loin la victoire d'une grande multitude, qui a été un seul homme, un homme puissant et sage.

« Et les vieux rois se sont retirés dans l'exil, et ils ont excité une pitié profonde, car on a compris qu'ils avaient été sans intelligence, qu'ils avaient méconnu leur mission.

« Une Europe toute nouvelle doit sortir des ruines de l'Europe ancienne, restée vêtue d'institutions usées comme un vieux manteau.

« Une incrédulité apparente menace d'abolir toute croyance ; mais la religion du genre humain renaîtra plus brillante et plus belle.

« Elle renaîtra au moment où le moyen âge aura rendu son dernier soupir dans sa dernière agonie : la résurrection est fille de la mort.

« N'a-t-il pas été dit : « Je graverai ma loi « dans leurs entrailles, et je l'écrirai dans leurs « cœurs ! »

« Et le Christ n'a-t-il pas dit : « J'ai d'au- « tres brebis qui ne sont pas de ce troupeau ? »

« Toutes les expressions des croyances intimes tendent à se résumer dans un symbole qui se forme en silence, au milieu des terribles agitations des sociétés humaines, et quelques sons de ce futur symbole déjà commencent à se mêler au glas funèbre du moyen âge expirant.

« Hébal sait bien que le genre humain n'est point en travail d'une religion nouvelle, car il sait que tout est dans le Christianisme, que le Christianisme a tout dit.

« Toutes les communions chétiennes gravitent donc vers une unité catholique ; le temps est venu où toutes les hérésies vont confesser leur insuffisance. »

En approchant du jour où il écrit, l'auteur d'Hébal trahit toujours plus vivement, dans le langage qu'il prête à son personnage, les émotions que lui-même a ressenties.

« C'est en vain que, dans la métropole de la civilisation, le signe de la promesse a été outragé : la croix civilisatrice régnera sur le monde.

« La Grèce, la Belgique, la Pologne, ont demandé la liberté promise aux enfants de la foi ; et voyez les miracles qui ont été enfantés ! La renommée aura-t-elle assez de palmes immortelles pour tant de héros ?

« Une voix, prière ardente de tout un peuple qui demande le baptême du sang, s'élève vers les hauteurs du ciel à la mère du Christ :

« Que la Pologne, qui vous appelle sa Reine,
« que la Pologne, qui fut si souvent le plus
« ferme appui de la chrétienté, redevienne flo-
« rissante sous l'abri du saint Evangile, et soit
« aussi l'égide de 'a liberté des peuples. Vierge

« sainte ! si le Tout-Puissant a décidé, dans sa
« sagesse profonde, que notre patrie toute
« chrétienne doit souffrir comme votre fils la
« mort du martyre, que sa gloire fasse partie
« de la gloire éternelle du monde ! »

« Qu'encore une fois la civilisation soit sauvée ! »

Ici la seconde vue d'Hébal semble réellement prophétique, car nous voyons déjà la prophétie commencer à s'accomplir.

« L'Italie ne conquerra-t-elle pas son indépendance, et la péninsule ibérique n'entrera-t-elle pas dans la loi du progrès ?

« La Ville éternelle sait qu'un nouveau règne lui est promis. Le pontificat romain dira de quelles traditions il est dépositaire.

« Les peuples ne sont plus parqués selon le caprice des conquêtes ou de la politique. »

Voilà ce qu'écrivait M. Ballanche il y a quinze ans : l'Italie aspire à reconquérir son indépendance ; le pontificat romain annonce un nouveau règne à la ville éternelle, au milieu des bénédictions du monde. Les nations protestent contre les arrêts de la diplomatie et ne veulent pas être parquées par son caprice.

« Un nouveau rideau est levé, un dernier sceau est brisé.

« Et le passé raconte l'avenir.

« Et une voix se fait entendre : Qui dira l'avenir ?

« Et une autre voix dit : Celui qui sait le passé sait aussi l'avenir.

« L'Europe se constitue donc de nouveau.

« Et un frémissement général se fait sentir dans toute la création.

« Le sang qui a arrosé le Golgotha proclame enfin l'abolition de la peine de mort, et dit l'impiété de la guerre.

« Le Christianisme achève son évolution ; il règne sur le monde, mais d'un règne pacifique.

« Et le Christianisme, identique à lui-même, accomplit ses promesses dans toutes ses traditions, qui sont les traditions générales du genre humain.

« L'Occident triomphe. Voilà que l'Orient est ébranlé et perd la conscience de son immobilité.

« L'islamisme succombe dans la lutte.

« La Chine elle-même devient progressive.

« Le Gange est affranchi.

« Hébal croit assister à l'agonie de l'immense univers.

« Les lois qui en firent l'harmonie semblent avoir cessé.

« Et cependant les corps célestes continuent de suivre en silence leurs ellipses tracées depuis l'origine des choses. Mais la terre, la terre seule ne sait plus où est son équateur, où sont ses pôles. Elle chancelle sur elle-même. Son atmosphère est redevenue mortelle. Toute vie périt comme au temps du déluge. Hébal lui-même se sent mourir au sein de cette angoisse universelle. Son âme, détachée de son enveloppe mortelle, plane sur cette vaste ruine : elle se prépare à contempler un nouvel acte de la puissance suprême. La terre, globe éteint, la terre est lancée dans un autre coin de l'espace.

« A un signe de la puissance suprême, le genre humain tout entier se réveille de la mort.

« Les hommes sortent des entrailles de la terre, des lieux qui furent des montagnes, des vallées ou des profonds abîmes des mers. Ils se lèvent debout, et ne reconnaissent ni la terre, ni les cieux, car tout est changé. Hébal revêt pour la dernière fois le vêtement de poussière qu'il venait de quitter. Il se trouve au milieu de cette multitude qui est le genre humain tout entier.

« Quel spectacle !

« Le genre humain, se réveillant de la mort, et se mettant, comme autrefois Job, à interroger le Créateur, le Créateur dont l'ouvrage va périr ! Tant de générations qui parlent par un cri unanime, devenu une voix articulée, une seule voix, la voix de l'homme universel ! Et cette voix est un gémissement qui contient l'image et le souvenir de toutes les calamités humaines depuis le commencement jusqu'à la fin.

« Et cette voix du gémissement, de l'angoisse et de la mort, cette voix disait :

« Voilà donc cette terre qui me fut donnée
« comme un héritage.

« Voilà cette terre que j'ai arrosée de mes
« sueurs, que j'ai baignée de mon sang, que
« j'ai pétrie de mes larmes !

« Voilà cette terre telle que l'ont faite les
« déluges, les tempêtes, les volcans, les
« fléaux, les cataclysmes, l'infructueux labeur
« de l'homme !

« J'ai lutté contre les forces de la nature,
« j'ai lutté contre les éléments, j'ai fait le sol
« et les climats ! Les forces de la nature m'ont
« dompté, les éléments m'ont vaincu, le sol et
« les climats se sont élevés contre moi !

« J'étais poussière et je suis redevenu pous-
« sière !

« Et ma vie n'a été qu'un combat, une an-
« goisse.

« Pourquoi tant de calamités, tant de cri-
« mes, tant de douleurs ?

« Pourquoi la guerre, les dévastations, l'es-
« clavage, les castes et les classes ? Pourquoi
« les sacrifices humains, les superstitions, les
« infamies ? Pourquoi de jeunes filles inno-
« centes et de chastes épouses ont-elles été pro-
« fanées ? »

« Et tout ce cri d l'homme universel semblait se résumer dans le cri échappé sur le Golgotha :

« Pourquoi m'avez-vous abandonné ? »

« Mais Dieu ne dispute point comme jadis il
avait disputé avec Job, son serviteur. Une immense clarté intellectuelle descendit sur le
genre humain.

« La conscience d'Hébal, assimilée à la conscience universelle, a compris sans qu'aucune parole ait retenti dans le monde expirant.

« Cette étrange contemplation finit pour Hébal, et il entendit sonner neuf heures.

« Son voyage, qui avait embrassé toute la durée des âges depuis le commencement jusqu'à la fin, avait été accompli dans le temps qu'avait mis la sonnerie de l'horloge à sonner l'air de l'*Ave Maria*.

« Et il éprouva une grande fatigue. Il n'eut que le temps de raconter ce qui venait de lui arriver, et que nul autour de lui n'avait soupçonné.

« Et il rendit le dernier soupir en prononçant le mot *éternité*.

« A ce moment, sans doute, tous les rideaux ont été levés pour lui, tous les sceaux ont été brisés, et il a eu le sentiment vrai des choses dont il avait eu le sentiment obscur.

« Or, l'air de l'*Ave Maria*, qui avait bercé son oreille durant son rapide voyage dans les régions de l'esprit, semblait reposer encore sur sa figure; car c'est le signe aimable de la médiation, et la médiation est le mot de l'énigme de l'humanité. »

Tel est le dénouement magnifique et gracieux de la vision d'Hébal. Dans aucun de ses ouvrages, M. Ballanche ne s'est mis plus lui-même tout entier. Ses amis ne pouvaient le séparer d'Hébal à la seconde vue. L'auteur de l'*Ame exilée*, dont l'affection pour M. Ballanche, par qui elle s'honorait d'être inspirée, appartient à l'histoire des lettres; l'auteur de l'*Ame exilée*, qui fut pour lui une amie tendre et un disciple illustre, en lui écrivant, l'appelait « Mon cher Hébal. » Pour moi, je ne saurais oublier le jour où j'entendis l'auteur d'*Hébal* lire son œuvre extraordinaire; c'était près de Dieppe, en vue de la mer, au milieu d'un cimetière abandonné où de grandes herbes croissaient parmi des tombes ou plutôt des ruines de tombes. Il était assis sur un de ces débris; sur une autre était la Béatrix de ses inspirations, son illustre et ancien ami M. de Chateaubriand, et son jeune ami, comme il m'appelait alors, celui qui devait un jour, quand la jeunesse serait écoulée, retracer d'une main pieuse des souvenirs toujours présents bien qu'anciens déjà, les recueillir et les déposer à côté des chants du poëte, comme on place une image à côté d'une lyre sur un tombeau.

IX

1830. — La renommée de M. Ballanche grandit. — L'Académie française. — Les ouvriers. — Ses inventions mécaniques. — Sa maladie. — Derniers moments. — Ses funérailles.

On a vu quel mouvement s'était opéré dans l'esprit de M. Ballanche depuis ses émotions royalistes de 1814 jusqu'aux sévères avertissements que d'un cœur fidèle, mais navré de douleur, il adressait à une dynastie qui se perdait pour n'avoir pas su se renouveler. En présence du défi insensé qu'elle jetait à la France par la nomination du ministère Polignac, il écrivit ces lignes indignées :

« Une nation nouvelle s'était élevée, était sortie de son silence, comme les Francs jadis sortirent de leurs forêts pour conquérir les Gaules. Cette nation nouvelle, pleine de force et de puissance, devait être civilisée : on a voulu d'abord la nier; ensuite, lorsque son existence n'a pu être méconnue, on a imaginé de la dédaigner.

« Pour la première fois, il a été dit à l'immense majorité d'une nation : Tu es privée de toute espèce de vertu; tu n'as que des vices odieux. Il y a, au milieu de toi, une petite minorité qui seule a des vertus, qui seule est dépourvue de vices : c'est à cette minorité que nous allons te livrer.

« Pour la première fois, il a été dit : C'est dans le petit nombre qu'est la force et la puissance.

« Non, je ne crois pas que la folie soit jamais allée jusque là.

« Les représentants du passé ont voulu refaire le passé. La société, qui ne sait jamais rebrousser en arrière, s'est arrêtée un instant; mais elle ne s'est arrêtée que pour s'étonner d'une telle démence. Elle a jeté un œil de mépris sur le petit nombre pour lui demander s'il avait reçu de Dieu le pouvoir qui fut accordé au chef hébreu, le pouvoir d'arrêter le soleil.

« Illustre maison de France, tu as refusé de te réunir aux représentants du présent, aux représentants de l'avenir; tu as refusé de t'identifier aux destinées nouvelles du peuple français, aux destinées futures de l'Europe; tu as refusé de polir et de civiliser des conquérants; tu ne régneras plus que sur le passé, tu t'es déclarée chef des vaincus. Ta mission est finie. Ton abdication a été signée le jour où tu as laissé quelques-uns de tes soldats insulter les tribuns du peuple, le jour où l'épée a été tirée contre des hommes désarmés, le jour où tu as approuvé ceux qui avaient tiré l'épée.

« Eh bien, puisque tu ne veux que le passé, réfugie-toi dans le passé et laisse-nous accomplir nos destinées. Eh bien, puisque tu veux rester unie aux vaincus, rentre avec les vaincus dans l'impuissance de toutes choses. Eh bien, puisque tu ne veux pas nous civiliser, nous nous civiliserons nous-mêmes. Eh bien, puisque tu es devenue inhabile à cultiver en nous ce qu'il y a de bien, de bon, de noble, retire-toi, car tu ne peux plus que nous pervertir, que dénaturer en nous de hautes facultés, que détruire le sentiment moral, si le sentiment moral n'était pas plus fort que tes faiblesses et que les aveuglements de tes conseillers. »

Quand la justice de 1830 se fut accomplie, tout en approuvant ce grand acte comme l'acte d'une nation mise en état de défense légitime, M. Ballanche fut affligé et inquiet : affligé par des infortunes illustres, inquiet pour la France. Mais sa foi politique ne fut pas ébranlée ; il fut après 1830 ce qu'il avait été avant, un libéral convaincu et modéré.

Le mouvement rapide et un peu tumultueux qui s'opéra dans les idées sous le coup de la révolution de 1830 dirigea sur M. Ballanche l'attention de plusieurs hommes qu'il ne connaissait point et de plusieurs écoles qui n'étaient pas la sienne. Les socialistes, quels qu'ils fussent, ne pouvaient négliger un penseur qui sur plusieurs points avait devancé dans sa solitude les nouvelles directions de la pensée.

M. Ballanche, sans repousser les sympathies dont il était l'objet, conserva soigneusement toute son indépendance. Les tentatives de réforme sociale qui prenaient leur point d'appui dans le Christianisme pouvaient seules s'accorder avec sa manière de voir et de sentir.

Bien que très-catholique de conviction, et, si j'ose le dire, de *poésie,* il entra dans des rapports bienveillants avec les consciencieux écrivains du *Semeur.* Le programme de *l'Avenir :* catholicisme et liberté, avait tout son cœur. Quand ce programme, qu'un sage et saint pape vient d'inaugurer au Vatican, eut été déchiré par l'inintelligence des uns et l'emportement des autres, M. Ballanche crut que son moment était venu, et que ses doctrines étaient appelées à faire le bien auquel il eût applaudi s'il l'eût vu accomplir par d'autres doctrines. Alors il se sentait rempli d'une confiance profonde dans son œuvre et sa pensée : alors il écrivait à ses amis : « Je crois que la Palingénésie est destinée à porter des fruits. »

Il lui était permis de penser qu'il exerçait une influence aussi réelle qu'elle était salutaire sur beaucoup d'âmes, car il recevait de plusieurs côtés des témoignages d'adhésion qui allaient jusqu'à l'enthousiasme. « J'ai trouvé chez Nodier, écrivait-
« il, un homme qui m'appelle tout uniment un
« homme divin. » Il avait des disciples et des adeptes ; avec moins de candeur et plus d'ambition, il aurait pu être chef de secte.

Il se bornait à recueillir avec quelque satisfaction les preuves du progrès de ses idées, par exemple les paroles d'un étranger qui était venu le voir pour lui dire : « Monsieur, c'est de vos ouvrages
« que sortira la théologie de l'avenir. »

Et à propos de la tentative de M. de Lamennais et de ses amis, tentative dont il déplorait l'avortement, il disait à Mme Récamier, avec son ingénuité
« ordinaire : « Il ne reste donc plus que la Palin-

« génésie de votre pauvre ami... Il m'est bien
« démontré à présent que c'est à la société reli-
« gieuse à se constituer elle-même : ce à quoi je
« puis servir, c'est à préparer les voies. »

S'il n'était point insensible à la satisfaction de voir les progrès de sa renommée, la gloire lui apparaissait surtout sous une forme touchante. Ces douces aspirations vers l'immortalité s'épanchaient ainsi dans l'âme de celle avec laquelle il voulait mettre en commun sa renommée, comme il avait mêlé toute sa vie ;

« .... Si mon nom me survit, chose qui devient de plus en plus vraisemblable, je serai nommé le Philosophe de l'Abbaye-aux-Bois, et ma philosophie sera considérée comme inspirée par vous. Souvenez-vous qu'Orphée n'eut une véritable mission sur ses semblables que par Eurydice, et souvenez-vous encore qu'Eurydice fut une vision merveilleuse. La dédicace de la Palingénésie expliquera tout cela à l'avenir. Cette pensée est une de mes joies. Je crois que j'entre en ce moment dans le dernier âge de ma vie ; cet âge peut se prolonger quelque temps ; mais je sais bien ce qui est au bout. Je m'endormirai dans le sein d'une grande espérance, et plein de confiance dans la pensée que votre souvenir et le mien vivront d'une même vie. »

C'est ici le lieu de parler de la modestie de M. Ballanche. M. Ballanche avait mieux que de la modestie ; il avait de la candeur. Son premier ouvrage n'ayant pas eu le succès qu'il méritait, M. Ballanche ne contredit point ce jugement qui est déjà rapporté [1], il l'accepta sans résistance et sans amertume. Plus tard il s'exprimait sur son propre compte dans un langage bien éloigné de toute illusion ; il disait : « D'autres bâtissent un pa« lais sur le sol et ce palais est aperçu de loin ; « moi, je creuse un puits à une assez grande pro« fondeur, et on ne peut l'apercevoir que lors« qu'on est tout auprès. »

Il lui fallut longtemps pour reprendre confiance et croire à lui-même. Il lui fallut des admirations illustres, passionnées et enthousiastes chez quelques-uns, l'attention des étrangers, le suffrage des penseurs et des écrivains ; alors il crut à lui avec la même simplicité. Jamais cette foi qu'il avait en lui-même ne lui inspira le plus léger mouvement d'humeur contre ceux qu'il pouvait soup-

[1] Dans un recueil grave, *le Correspondant*, M. Lenormant a rendu le premier à ce livre, trop méconnu, même de son auteur, une justice méritée.

çonner de ne pas la partager assez. Dans une de ses lettres, après s'être plaint, mais sans nulle amertume, de ceux qui oublient de le citer en examinant des théories historiques dont il est l'auteur, il ajoute avec une douceur et une bonhomie charmantes : « Mais cela ne fait rien, mon nom est bien
« plus connu qu'il ne paraît en effet, et Nodier di-
« sait hier qu'avant deux ans ce serait un des
« noms les plus populaires de France. »

Peu pressé de se produire, et insensible à la vanité, s'il n'était pas indifférent à la gloire, M. Ballanche était arrivé à l'âge de soixante ans sans avoir ambitionné la palme de l'homme de lettres, l'Académie française. Il laissait solliciter pour lui ses ouvrages, dans lesquels l'harmonieuse pureté du style est portée à un si haut degré de perfection. Enfin une pensée qui aurait pu se présenter plus tôt frappa plusieurs académiciens ; on en parla à M. Ballanche. Mais M. Ballanche craignit, peut-être à tort, qu'il n'entrât dans l'intention de certaines personnes de se servir de lui pour retarder l'entrée dans l'Académie d'un écrivain et d'un poëte éminent dont la place lui semblait y être naturellement marquée, de M. Victor Hugo.

Voici ce que M. Ballanche écrivit dans cette conjoncture. Cette fois encore je n'ai pas effacé mon nom. J'aime mieux rendre grâce publiquement à la mémoire de M. Ballanche de ce vote anticipé que j'ai eu le bonheur de lui voir renouveler depuis.

« Voilà dix ans que je n'ai pas acquis de nouveau titre aux suffrages de l'Académie, puisque ma dernière publication est de 1830.

« J'ai parfaitement la conscience qu'aujourd'hui, si l'Académie songe un peu à moi, c'est uniquement pour m'opposer à Victor Hugo. Sans ce motif, il est bien certain que je n'aurais que de très-faibles chances.

« Je ne puis accepter une telle situation ; je supplie mes amis de ne pas me l'imposer.

« Il est impossible de laisser Victor Hugo en dehors de l'Académie. Ce que l'Académie a de mieux à faire, c'est de surmonter ses susceptibilités.

« Ce n'est pas à dire, pour cela, que j'aie le projet de me présenter après Victor Hugo. C'est bien fini pour moi.

« J'ai soixante-trois ans ; il ne me reste qu'une chose à faire, c'est de donner la forme définitive à ma pensée et de rentrer dans mon silence.

« Lorsque ma dernière publication sera faite, je ne vivrai plus que pour mes amis ; ma carrière sera complètement close.

« Si j'ai un conseil à donner à l'Académie, c'est de voir à recueillir dans l'ancienne génération pour se hâter de l'adopter.

« Or, de cette ancienne génération, dont je suis le doyen, il reste M. de Béranger, M. de Lamennais, M. Alfred de Vigny.

« Ce dernier seul serait, je crois, sur les rangs.

« Je ne conseillerais pas à M. de Vigny de se présenter avant que M. Hugo ne soit entré ; mais sitôt après, à mon sens, il doit être admis.

« Vienne ensuite la génération nouvelle : Ampère, Sainte-Beuve !

« Voilà mon avis. »

Plus tard M. Ballanche fut élu par l'Académie française, et M. de Barante fut chargé de le recevoir. Des rapports de société et des amitiés communes les avaient depuis longtemps rapprochés. On reconnut dans les paroles du directeur une déférence délicate pour l'homme à côté d'une appréciation ingénieuse de l'écrivain :

« Plus que personne, Monsieur, vous avez remarqué que chaque époque refait l'histoire du passé; en la regardant du point de vue qui lui est propre, elle y cherche et elle y découvre ce qui lui est analogue. C'est en ce sens que vous avez raconté une histoire romaine qui n'est point dans Tite-Live, et que, pour manifester votre idée, vous avez pris la forme d'une fiction historique. N'est-ce point là ce que vous appelez ingénieusement se faire le prophète du passé ?

« C'est à cet ordre d'idées que vous vous êtes laissé charmer, vous vous êtes créé un monde où vous vivez avec les principes et les origines des choses humaines, revêtues de formes mystiques, flottant entre les convictions de la raison et les prestiges de l'imagination. Vous empruntant une expression heureuse, je dirai que c'est la poésie de la pensée.

« Quelquefois, en contemplant les objets de la nature, en laissant nos yeux se fixer sur une pittoresque perspective, nous nous sentons dériver à une douce rêverie ; les contours s'effacent, les plans se confondent ; il semble que ce ne soit plus un paysage réel, mais une sorte de vision fantastique. Vous, Monsieur, ce qui vous fait rêver, ce qui berce votre imagination, ce qui amène des apparitions devant vos regards, c'est la méditation sur la destinée sociale ; c'est l'aspect moral de la terre et du ciel.

« Mais, dans votre poétique philosophie, se trouve un plan arrêté, un système complet, une histoire abstraite de la civilisation. La forme que vous lui donnez n'est point un jeu de l'esprit, un artifice de composition. Vous parlez une langue qui est naturellement la vôtre, la langue du poëte et de l'artiste. Vos travaux n'en sont pas moins sincères et sérieux, vos convictions n'en sont pas moins entières; me permettrez-vous de dire naïves? »

Dans cette séance, le public n'entendit pas sans émotion le vieil ami de l'auteur du *Génie du Christianisme* lui adresser cet hommage noblement reconnaissant, auquel on ne saurait reprocher que trop de modestie :

« M. de Chateaubriand, qui m'encourage de sa présence et dont la volonté m'arrête, ne me permet pas de prononcer des paroles qui ne seraient, après tout, que l'expression des sentiments unanimes. Et pourtant, il faut bien que je le dise pour moi-même, pour honorer, en quelque sorte, le choix proclamé aujourd'hui par l'Académie : depuis plus de quarante ans qu'il est parvenu au sommet de la gloire, M. de Chateaubriand n'a jamais cessé de m'accorder toute son affection : je suis, à cette heure, le seul de ses anciens amis resté debout à ses côtés sur cette terre où nous passons si vite. Plus d'une fois même il a consacré dans ses écrits des souvenirs qui nous sont communs, des suffrages qui ont été pour moi des titres aux vôtres. Ainsi, ce nom destiné à survivre à tant de noms, ce nom qu'en vain je voulais taire, doit emporter le mien sur ses ailes. »

Mais s'il avait peu vivement désiré les honneurs littéraires, il est un genre de succès auquel il n'était point insensible, parce qu'il y voyait la preuve d'une direction sérieuse et morale au sein des classes populaires ; c'était le succès qu'avait eu la Palingénésie dans un auditoire, non pas d'académiciens ou de philosophes, mais d'ouvriers.

Il faut l'entendre raconter cet incident remarquable en lui-même et qui causa, comme on le voit sans peine, à M. Ballanche une vive et innocente joie :

« Une chose assez singulière, c'est que je commence à percer chez les ouvriers. Voici le fait. Un maître ouvrier, qui demeure près de l'Arsenal, avait pris depuis quelque temps l'habitude de réunir chez lui un certain nombre de ses ouvriers, et de faire là une sorte de cours de philosophie à leur usage. Il avait commencé par le saint-simonisme, dont il n'a pas tardé à se séparer, et il s'est mis à professer l'économie politique de Fourier; mais il a bien vite compris qu'une économie politique fondée sur le bien-être matériel seulement était insuffisante ; il s'est mis à m'étudier, et s'est épris d'un véritable enthousiasme pour mes doctrines. Lorsqu'il sera un peu plus fort, il se propose d'initier ses néophytes. Comme il avait un très-grand désir de me voir, Nodier l'a fait venir chez lui après-dîner. J'ai trouvé un homme d'un très-grand sens et d'une rare intelligence. »

Voilà maintenant le récit de la visite de M. Ballanche à ses nouveaux disciples :

« J'ai assisté hier au soir avec mon introducteur à cette réunion ; il n'y avait que Nodier et moi qui ne fussions pas des ouvriers. Dans le nombre, il y avait quelques femmes, mais des femmes d'ouvriers. J'ai été étonné de l'intelligence de tout ce monde-là.... Croiriez-vous qu'au milieu d'une discussion provoquée par Nodier et où je me suis mêlé, j'ai été entraîné à l'exposition de mon système historique fondé sur le dogme chrétien de la déchéance et de la réhabilitation, et que j'ai été parfaitement compris....... Je ne sais ce qu'aurait pensé M. *** s'il eût assisté à cette séance, et qu'il eût senti que j'étais bien mieux compris là que je ne l'aurais été dans le sein de l'Académie française. C'est pourtant la vérité. »

L'Académie française a montré depuis qu'elle aussi savait comprendre M. Ballanche et l'honorer.

On n'aurait pas une idée complète de la puissance intellectuelle de M. Ballanche, si je ne mentionnais, quelque rapidement que je sois condamné à le faire, une aptitude chez lui naturelle à l'invention des machines, à la création de nouveaux procédés ou de nouveaux instruments. Qui le croirait ? L'auteur d'*Antigone* avait inventé un canon qui a été exécuté et se trouve, je crois, à Vincennes.

Ce qui est plus remarquable, il avait devancé par la réflexion plusieurs inventions célèbres de notre temps : la presse à eau, le papier sans fin, la composition mécanique des planches d'imprimerie ; enfin, dans la dernière année de sa vie, il croyait avoir découvert un nouveau moteur dont sa belle âme rêvait déjà les applications utiles à l'humanité.

En même temps il donnait son appui à une invention dont il n'était point l'auteur, mais qu'il avait adoptée comme sienne, et il écrivait ces remarquables paroles :

« A fin de compte, j'aurai accompli trois choses :

« Un monument littéraire qui sera ce que Dieu voudra ;

« Un appui utile donné à une sorte de régénération dans l'emploi de la vapeur ;

« Enfin l'invention d'une machine qui sera un jour le point de départ de beaucoup d'autres inventions utiles, car c'est un moteur nouveau que j'introduis dans le monde industriel.

« Ma vie n'aura pas été sans quelque importance. »

On doit commencer à connaître M. Ballanche. Ceux qui ont lu ces pages où il ne faut chercher que lui doivent, ce me semble, admirer son rare talent et aimer sa mémoire.

Il n'y a eu qu'à citer l'écrivain et à laisser parler l'homme ; je n'ai rien à dire après lui. Mais pour accomplir la tâche qu'une affection filiale m'imposait, il me reste un pénible devoir à remplir, il faut parler de la fin qui a couronné une telle vie.

Je ne m'arrêterai pas sur de tels moments ; ils sont encore trop près de moi pour que leur souvenir ne m'oppresse d'un poids douloureux ; mais il ne faut pas abandonner dans la mort ceux qu'on a aimés. J'irai donc jusqu'au bout.

Dans les premiers jours du mois de juin de cette année, M. Ballanche, dont la santé était depuis longtemps très-frêle, fut atteint d'une fluxion de poitrine que sa grande faiblesse rendit bientôt dangereuse... Pendant les huit jours que dura sa maladie, la douceur et la sérénité d'âme du malade ne l'abandonnèrent pas un instant ; il ne montra aucune inquiétude, pour n'inquiéter personne ; mais ses amis ne doutent point qu'il n'ait senti toute la gravité du danger ; durant les derniers jours, il fut aussi entouré que le permettait le repos nécessaire à sa faiblesse. Un ancien ami, M. Dupré, ne le quitta point ; enfin il éprouva une grande joie lorsque celle qui était la vie de son cœur vint s'établir auprès de lui, souffrante elle-même, et quand ses yeux n'avaient pas soulevé un voile qui pour quelque temps est retombé avec ses larmes.

M. Ballanche, dès les premiers jours de sa maladie, avait réclamé les secours de la religion ; le neuvième, il s'éteignit avec le calme d'un sage, la résignation d'un saint, et, comme il l'avait dit lui-même, il s'endormit dans le sein d'une grande espérance.

Le surlendemain, vers l'heure où tous les jours il se rendait à l'Abbaye-aux-Bois, il en franchissait la grille une dernière fois, escorté d'amis en deuil et d'un grand nombre d'hommes éminents, tous pénétrés profondément de la perte que faisaient en ce jour les lettres, la philosophie et la religion. Son illustre ami, M. de Chateaubriand, fondait en larmes; tous les cœurs étaient remplis d'émotion et de recueillement; un sentiment unanime d'attendrissement et de respect régnait aussi dans la foule choisie qui l'accompagna au cimetière. Ce sentiment trouva un interprète qui le satisfit pleinement dans le discours de M. de Tocqueville [1].

Un poëte penseur, l'élève et l'ami de M. Ballanche, M. de la Prade, après avoir passé la nuit pieusement auprès de ses dépouilles mortelles, vint prononcer sur sa tombe, au nom de cette partie de la jeunesse qui voyait en lui plus spécialement le chef d'une école dévouée, et en particulier au nom de la patrie lyonnnaise, de touchants adieux [2].

Nous placerons ici quelques paroles de M. Ballanche lui-même; ce qu'il avait dit des funérailles du sage Thèoclès convient merveilleusement à ses propres funérailles :

— « Quand nous eûmes rassasié notre

[1] Voir note A à la fin.
[2] Voir note B à la fin.

amour et notre respect des derniers témoignages qu'on donne à un mort, nous portâmes en pleurant la dépouille du vertueux vieillard à sa dernière demeure. Nous nous retirâmes ensuite en méditant ses paroles, qui avaient acquis toute la solennité des tombeaux. »

Note A. — *Discours de M. de Tocqueville.*

« Messieurs, je pourrais vous entretenir du rare mérite littéraire que possédait l'homme excellent dont nous entourons la dépouille mortelle. Parlant ici au nom de l'Académie française, je le devrais peut-être. Vous l'avouerai-je, Messieurs, au bord de cette tombe encore entr'ouverte, à la vue de cette figure austère et solennelle de la mort, dans ce lieu si plein des pensées de l'autre vie, je n'ai pas le courage de le faire. Le talent de l'écrivain, quelque grand qu'il soit, s'efface un moment pour ne laisser voir que le caractère et la vie de l'homme.

« Qui de nous, Messieurs, ne se sent ému et comme attendri au souvenir de ce doux et respectable vieillard auquel le bien semblait si facile, et qui le rendait si aimable ! Sa pure et rêveuse vertu, qui, au besoin, fût aisément montée jusqu'à l'héroïsme, ressemblait, dans les actes de tous les jours, à la candide innocence du premier âge. Non-seulement M. Ballanche n'a jamais fait le mal, mais il est douteux qu'il ait jamais pu le bien comprendre, tant le mal était étranger à cette nature élevée et délicate. Pour lui, la conscience n'était point un maître, mais un ami dont les avis lui agréaient toujours, et avec lequel il se trouvait naturellement d'accord.

« A vrai dire, la vie tout entière de M. Ballanche n'a été qu'une longue et paisible aspiration de l'âme vers le bonheur des hommes et vers tout ce qui peut contribuer à ce bonheur : la liberté, la confraternité, le respect des croyances et des mœurs, l'oubli des injures ; qu'un constant effort pour apaiser les haines de ses contemporains, concilier leurs intérêts, renouer le passé à l'avenir, et rétablir entre l'un et l'autre une harmonie salutaire.

« Dans les dernières années de sa vie, M. Ballanche s'était créé comme une société à part dans la grande société française ; il s'y occupait plus des idées du temps que des faits ; il s'y unissait à ses contemporains par les pensées, par les sympathies, non par l'action ; il n'y restait pas étranger à leur sort, mais à leurs agitations. C'est là qu'il vécut dans une atmosphère calme et sereine où pénétraient les bruits du monde, mais où les passions du monde n'entraient point. C'est là aussi qu'il s'est éteint.

« Quoique M. Ballanche ait survécu à tous les siens et qu'aucun de ses proches ne puisse aujourd'hui nous accompagner à ses funérailles, nous ne saurions le plaindre. L'amitié avait depuis longtemps remplacé pour lui et peut-être surpassé tout ce que la famille aurait pu faire.

« Pour nous, Messieurs, qui venons de rendre un dernier hommage à sa mémoire, nous rapporterons de cette cérémonie un souvenir triste, mais salutaire et doux : le souvenir d'un homme qui a bien vécu et qui est bien mort ; d'un écrivain dont la plume désintéressée n'a jamais servi que la sainte cause de la morale et de l'humanité. »

Note B. — *Paroles de M. de la Prade.*

« Cher maître, si belle que soit votre renommée présente, vous n'avez pas été de ceux qui assistent vivants à tout l'épanouissement de leur gloire. C'est à une époque plus attentive que la nôtre qu'il sera donné d'épuiser le sens profond de vos écrits, de s'abreuver de toute la poésie de ce beau style qui renferme les plus mystérieux parfums du sentiment chrétien et de la pensée moderne dans les contours harmonieux et purs de la forme grecque. En vous, l'avenir honorera le grand esprit ; de plus que lui, nous avons respiré la belle âme. Tous ceux qui vous ont approché le savent, on se sentait meilleur auprès de vous. Il n'était pas besoin d'entendre votre parole pour subir l'influence qui émanait de votre cœur. Certains justes sont comme les sanctuaires dont le silence même nous remplit de religieuses émotions.

« Il y avait dans votre esprit, dans sa sérénité, dans sa simplicité charmante, dans sa tendresse, quelque chose de plus que chez les hommes les plus sages et les meilleurs. Votre vertu était d'une nature tout adorable et toute divine; c'était à la fois une innocence conservée et une sagesse acquise. Chez vous la docte vieillesse était restée pure de cette candeur et de ces grâces qui chez les autres ne survivent pas à l'enfance. Vous saviez que le mal existe, mais vous sembliez ne l'avoir appris que du raisonnement; votre cœur ne vous en avait rien dit, l'expérience des hommes elle-même n'aurait pas suffi à vous convaincre.

« On ne surprit jamais en vous un mouvement de haine ou d'ironie; et comme vous avez su aimer ! Ce qui ne fut chez les plus grands poëtes qu'un rêve sublime de l'imagination fut la règle et la pratique journalière de votre cœur. Si sereine et si rayonnante que soit aujourd'hui votre âme dans le séjour de la paix, nous avons peine à nous la représenter plus aimante et plus pure que nous ne l'avons vue sur cette terre de souffrance et de combats. »

. . . .

TABLE DES CHAPITRES.

		Pages
Chap. Ier.	— Jeunesse de M. Ballanche. — Essai sur le sentiment. . . .	1
II.	— Découragement. — Le jeune homme de la Grande-Chartreuse. — Pèlerinage au Mont-Cindre. — Fragments. . . .	19
III.	— Mme Récamier. — Voyage à Rome. — Antigone.	45
IV.	— La Restauration. — L'Essai sur les institutions sociales. — L'Homme sans nom. — Le Vieillard et le Jeune homme. — Opinions politiques et littéraires de M. Ballanche. . . .	61
V.	— Second voyage à Rome. — Formule générale de l'histoire de tous les peuples, appliquée à	

	Pages.
l'histoire du peuple romain. — Virginie.	107
VI. — Orphée.	125
VII. — Prolégomènes de palingénésie sociale	160
VIII. — Vision d'Hébal.	201
IX. — 1830. — La renommée de M. Ballanche grandit. — L'Académie française. — Les ouvriers. — Ses inventions mécaniques. — Derniers moments. — Ses funérailles.	225
Note A. — Discours de M. de Tocqueville.	245
Note B. — Paroles de M. de la Prade.	247

FIN DE LA TABLE.

www.ingramcontent.com/pod-product-compliance
Lightning Source LLC
Chambersburg PA
CBHW070524170426
43200CB00011B/2320